KB141158

〈슬램덩크〉와 〈하이큐〉의 실사판!
일본의 학교 동아리 '부카츠' 이야기

일본의 학교 동아리 '부카츠' 이야기

초판 인쇄 2022년 2월 10일
초판 발행 2022년 2월 18일

지은이 박병춘
펴낸이 박찬익
펴낸곳 패러다임북
주소 경기도 하남시 조정대로45 미사센텀비즈 7층 F749호
전화 031-792-1193, 1195
팩스 02-928-4683
홈페이지 www.pjbook.com
이메일 pijbook@naver.com
등록 2015년 2월 2일 제2020-000028호
제작처 정우 P&P
ISBN 979-11-92292-00-7 03370

일본의 학교 동아리

<슬램덩크>와
<하이큐>의
실사판!

부카츠
이야기

박병춘 지음

부카츠는 일본인들의 삶에 빼놓을 수 없는 존재이자
'이도류 사회'인 일본을 이해하는 핵심 키워드이다

패러다임북

차례

제2부

부카츠를 체험하다

제3부

부카츠를 탐구하다

제4부

부카츠와 일본인

저는 30년 이상 교육계에 몸담아 왔던 경험상 '교육에 정답은 없다'는 확신을 가지고 있습니다. 사람을 키워내는 일에는 수많은 경우의 수가 있고 답 아닌 답이 있을 수 있음을 숱하게 보아왔기 때문입니다. 이 책, 일본 학교의 동아리 '부카츠' 이야기도 그런 의미에서 우리나라 교육에 시사하는 바가 적지 않으리라고 봅니다. 지금의 한일 관계를 고려할 때 일본의 교육에 대해 말한다는 것이 다소 조심스럽긴 합니다만 이 책은 곧 진실이고 저자가 몸과 마음으로 쓴 글이기에 충분히 참고하고 배울만한 점이 있습니다.

원고를 처음부터 끝까지 읽어가면서 든 생각은, 약간의 부작용을 차치하고라도 일본의 '부카츠'는 한 마디로 부러웠습니다. 한편으로 대학입시만을 바라보며 폭주하는 기관차 같은 우리의 교육이 부끄러웠습니다. 예전에는 명문대학을 나온 일본의 운동선수들을 보면서 그 두 가지가 어떻게 양립할 수 있는지 이해할 수 없었는데 이 책을 통해서 확실히 이해할 수가 있었습니다. 그것이 부카츠라는 교육활동이 있기에 가능한 일이었다는 점과 일본의 교육이 문무양도(文武兩道)를 추구한다는 의미도 잘 알 수 있었습니다.

앞서 언급했던 대로 우리의 교육은 모든 것이 대학입시와 연결되어 있기에 만일 대입과 관련이 없다면 동아리 활동은 물론 각종 대회도 없어지는 마당입니다. 따라서 부카츠 같은 교육활동을 우리에게 당장 적용하는 일은 현실적으로 불가능에 가깝습니다. 그러나 백년대계(百年大計)인 교육의 궁극적 지향점인 지덕체(智德體)를 추구한다면 우리 역시 '부카츠'를 눈여겨보고 적용할 수 있는 방안을 생각해야 할 때가 올 것입니다.

저자는 본교에 재직하는 동안 교과지도는 물론 동아리 담당교사로서도 탁월한 모습을 보였습니다. 당시 초등학생이었던 저자의 큰아이 교육문제로 우리는 많은 이야기를 함께 나누었습니다. 같은 부모의 입장에서 저자의 고민에 공감도 했었고 자녀를 조금 더 먼저 키워 본 인생선배로서 때로는 조언도 건넸습니다. 자녀 일로 고심이 깊었던 저자가 교편을 내려놓고 일본으로 떠나던 뒷모습을 바라본지 벌써 5년의 시간이 흘렀습니다. 그동안 단편적인 소식은 알고 있었지만 이렇게 훌륭한 원고를 집필하고 있었다는 사실은 미처 알지 못했습니다.

자녀의 교육문제에서 출발하여 이웃나라의 교육활동을 심도 있게 연구해 우리의 교육계에 신선한 메아리를 던진 저자의 용기와 노력에 응원의 박수를 보냅니다. 앞으로 저는 이전보다 더 깊은 애정을 가지고 저자의 발걸음과 자녀들의 성장을 지켜보고자 합니다. 독자 여러분들께서도 이 책을 통해 귀중한 배움을 얻으시기를 기원합니다.

대원외국어고등학교장 **이 영 근**

일본 청소년들의 학창생활에는 공부만큼이나 익숙한 일상이 하나 더 있습니다. 바로 '부카츠'입니다. 부카츠란 일본어 '부카츠도(部活動, 부활동)'의 줄임말로 우리나라로 치면 학교 동아리 활동에 해당합니다. 부카츠는 크게 체육계열 부카츠와 문화계열 부카츠로 나누어집니다. 체육계열 부카츠란 쉽게 말해 일본 학교의 운동부라고 할 수 있습니다. 문화계열 부카츠란 예술, 사회, 과학 등 다양한 분야의 동호회라고 할 수 있습니다. 부카츠는 일본 학교에서 '과외(課外)활동'이라는 지위를 가지고 있습니다. 정규수업이 아니므로 의무적으로 참가해야 하는 활동이 아닙니다. 그럼에도 불구하고 일본 중학생의 약 85%, 고등학생의 약 70%가 가입해 활동하고 있습니다. 부카츠는 비록 방과 후 활동이지만 전문성을 추구하며 일본 학생들은 적어도 일주일에 15시간 이상을 부카츠에 투입합니다.

일본의 길거리에서는 유니폼을 입고 돌아다니는 학생들의 무리를 자주 볼 수 있습니다. 다름 아닌 부카츠에 소속된 학생들입니다. 삭발을 한 남학생이라면 십중팔구 야구나 유도 부카츠를 하는 학생입니다. 한창 외모에 관심을 가질 사춘기 소녀들도 예외 없이 부카츠에 열중합니다. 실제로 일본의 여중생 2명 중 1명은 체육계열 부카츠에 소속되어 있습니다. 그렇다 보니 일본에서는 화장한 얼굴에 짧은 치마를 입은 여학생들보다 햇볕에 그을린 얼굴에 체육복을 입은 여학생들을 더 자주 보게 됩니다. 만화 〈슬램덩크〉를 모르시는 분은 없을 것입니다. 〈슬램덩크〉는 다름 아닌 일본 고등학교 농구 부카츠 학생들의 이야기입니다. 최근에 큰 인기를 끌고 있는 만화 〈하이큐〉 역시 배구 부카츠를 소재로 한 작품입니다. 〈슬램덩크〉와 〈하이큐〉의 주인공들이 만화 속에서 보여주는 열정은 결코 과장된 것이 아닙니다. 실제의 부카츠 역시 강백호의 농구에 대한 열정만큼이나 뜨겁고 열성적인 활동입니다.

미국 메이저리그에서 유일무이 투타 겸업선수로 활약 중인 오타니 쇼헤이는 '이도류(二刀流)'라는 별명을 가지고 있습니다. 이도류란 본래 검술에서 양손을 모두 사용한다는 뜻으로 일본에서는 흔히 '두 가지 일을 한다.'는 의미로 사용하는 말입니다. 일본의 교육은 문무양도(文武兩道, 학문과 무예의 겸비)를 추구합니다. 부카츠는 무예(武藝)의 영역으로서 학문과 더불어 이도류의 다른 이름인 문무양도의 실현을 위한 핵심적 존재입니다.

부카츠는 일본의 초등학교부터 대학교까지의 교육활동입니다. 하지만 일본인들은 성인이 된 이후에도 부카츠의 연장이라고 할 수 있는 동호회 활동을 열심히 합니다. 특히 분야마다 단체를 만들어 조직적으로 활동하는 경향을 나타냅니다. 예컨대 일본에는 60세 이상의 노인만을 대상으로 하는 환력연식야구연맹(還曆軟式野球聯盟)이라는 단체가 있습니다. 이

연맹에서는 매년 전국대회를 개최하고 있는데 90세를 넘긴 노인이 출전하기도 합니다. 자녀를 기르는 가정주부만을 대상으로 하는 농구연맹과 배구연맹도 있습니다. 성인들의 이러한 동호회 활동은 소속만 달라졌을 뿐 학창시절의 부카츠를 이어서 하는 개념으로 볼 수 있습니다. 따라서 부카츠는 사실상 일본의 전 세대가 본업과 더불어 평생에 걸쳐 하는 활동이라고 할 수 있습니다. 부카츠는 일본인들의 삶에 빼놓을 수 없는 존재이자 '이도류 사회'인 일본을 이해하는 핵심 키워드입니다.

부카츠는 일본의 교사, 학부모, 지역사회의 참여로 유지되는 일본사회의 한 영역이자 문화입니다. 이 책은 일본만의 독특한 교육활동인 부카츠를 소개하는 일 그 자체에 목적을 두고 있습니다. 군데군데 교육적인 사견을 이야기하였지만 그것은 특정한 결론을 도출하려는 의도는 아닙니다. 필자는 학교체육 전문가나 교육 행정가가 아니므로 그와 관련된 학문적 논의나 주장을 펼칠 입장이 못 됩니다. 그럼에도 본서의 집필을 결심한 것은 일본의 교육활동에서 큰 비중을 차지하는 부카츠에 관해 누군가 한 번 쯤은 한국에 소개할 필요가 있다고 확신하였기 때문입니다.

책의 1부에서는 부카츠의 교육적인 기능과 그 의미에 관해 생각하면서 부카츠에 대한 일본사회의 다양한 목소리를 함께 살펴보았습니다. 2부에서는 일본의 학교에 자녀를 보내면서 필자가 체험했던 부카츠 관련 일화들을 생동감 있게 소개하였습니다. 3부에서는 부카츠에 관한 객관적인 정보와 이야깃거리를 제공하였으며 4부에서는 부카츠와 일본인의 삶을 주제로 이야기해 보았습니다. 그럼 이제 본격적으로 부카츠 이야기를 시작해 보겠습니다.

1

부카츠,
그 열정과 냉정 사이

한국과 일본의 정반대 상황

　학교의 체육활동을 대하는 우리나라와 일본의 상황은 현재 정반대라고 할 수 있을 것 같습니다. 우리나라는 학교체육활동을 확대하기 위해 노력하고 있고 일본은 오히려 축소하려는 움직임이 있습니다. 우리나라는 오랫동안 극소수의 학생만 운동선수로 육성하는 엘리트체육을 시행해 오며 대부분의 학생들을 적극적인 체육활동에서 소외시켰습니다. 우리나라 학생들의 운동부족 문제는 심각합니다. 세계보건기구(WHO)가 2016년에 146개국 11~17세 학생을 대상으로 신체 활동량을 조사했습니다. 당시 한국 학생들의 운동부족 비율은 무려 92.4%였습니다. 특히 여학생은 97%로 매우 심각한 것으로 나타났습니다. 남자아동과 청소년들의 비만율은 갈수록 높아져 OECD 평균을 상회하고 있습니다. 꼭 관련 전문가가 아니더라도 학교체육활동의 부재가 주된 원인이라는 점을 예상할 수 있습니다. 사실 운동부족은 학교에서 운동할 기회가 없는 아이들이 겪는 여러 문제 중 하나일 뿐입니다. 학교 현장에 있다 보면 운동할 기회를 얻지 못한 학생들이 무기력, 일탈, 방황에 빠지는 모습을 심심찮게 볼 수 있습니다. 이러한 문제점들이 제기되어 온 우리나라는 현재 학교의 체육활동을 확대하기 위해 다방면으로 노력중인 상황입니다.

　일본의 상황은 전혀 다릅니다. 일본은 1964년 도쿄올림픽 이후 스포츠의 대중화를 선언하고 모든 학생을 참여대상으로 한 부카츠 시스템을 시행해 왔습니다. 학교의 일반적인 체육수업도 활발히 진행해 왔습니다. 그 결과, 부카츠를 중심으로 한 학교체육의 저변이 너무 커져 피로감이 누적되어 있는 상태입니다. 일본의 교사들은 오랫동안 교과와 부카츠 지도를 병행하는 격무에 시달려 왔습니다. 상황이 그렇다 보니 일본에서는 특히 교원사회를 중심으로 부카츠를 축소해야 한다는 주장이 꾸준히 제기되어 왔습니다. 학교의 체육활동을 둘러싸고 두 나라는 이렇게 정반대의 위기에 놓여있는 것입니다. 그래서 서로의 시스템을 참고할 필요가 생겼는데 실제로 일본 내 소수 부카츠 폐지론자들은 한국의 엘리트체육 시스템을 연구하기도 합니다. 반대로 일본의 부카츠 역시 학교체육을 확대하려는 우리나라 입장에서는 참고할만한 점이 적지 않습니다. 이 책도 그러한 의미에서 조금이나마 의미를 가졌으면 하는 바람입니다.

채치수와 우치야마 사쿠라

알고 보면 일본 학교의 동아리 활동인 부카츠는 우리와 그리 멀지 않은 곳에 있습니다. 우리에게도 친숙한 〈슬램덩크〉와 〈하이큐〉의 실사판이 바로 부카츠이기 때문입니다. 일본의 문화 컨텐츠들을 통해 부카츠를 간접적으로나마 접하고 있는 셈입니다. 당연한 얘기지만 〈슬램덩크〉나 〈하이큐〉의 주인공들은 현실의 인물이 아닙니다. 하지만 스토리 자체는 현실이라고 해도 무방할 정도로 일본 청소년들의 부카츠 생활을 있는 그대로 보여주는 것입니다. 등장인물도 일본에서는 충분히 '있을법한' 인물들입니다. 〈슬램덩크〉에서 농구부 주장으로 등장하는 키 197cm의 채치수(본명 '아카기 타케노리')는 전도유망한 농구선수인 동시에 공부도 잘 하는 인물로 묘사되어 있습니다. 엘리트체육을 표방하는 우리나라에서는 다소 비현실적인 인물로 보일 수도 있습니다. 하지만 부카츠 시스템을 운영하는 일본에서는 지극히 현실적인 인물이라고 할 수 있습니다. 일본에는 기본적으로 운동만 하는 운동선수는 존재하지 않기 때문입니다. 운동이나 예술 쪽으로 아무리 높은 이상과 목표를 가진 학생이라도 다른 학생들과 똑같이 공부합니다. 어떤 부카츠에 소속된 어떤 유망주라고 해도 예외가 없습니다. 따라서 운동선수로 성공하지 못하더라도 학업으로 대학에 진학하거나 취업을 할 수 있는 것입니다. 반대로 우수한 학업성적으로 명문대학에 입학하고도 운동선수의 길을 택하는 사람들도 있습니다. 4부에서 소개할 이와마사 다이키나 미야다이 고헤이가 그러한 케이스입니다.

사실 공부를 진심으로 좋아하는 사람은 그리 많지 않을 것입니다. 보통은 부모, 교사, 학교라는 권위에 순종해서 하고 있거나, 사회적인 당위성으로 인해 숙명처럼 하는 경우가 대부분입니다. 하지만 당위성만으로 공부가 안 되는 학생들도 많습니다. 그런 학생들은 다른 분야에 관심을 가지고 있기 마련입니다. '욕구충족'에는 우선순위가 있다고 합니다. 사람마다 욕구를 내면적으로 척도화해 우선적인 욕구를 충족시키고 나서 다음 단계의 욕구를 충족시켜 간다는 것입니다. 공부는 사실 누구나 잘 하고 싶어 하는 분야입니다. 다만 사람에 따라서 우선적인 욕구가 아닐 수 있습니다. 따라서 운동이나 다른 분야에 대한 우선적인 욕구를 충족시키면 공부에 대한 욕구도 생길 가능성이 있습니다. 부카츠는 바로 그 우선적인 욕구를 충족시켜주는 역할을 합니다.

문무양도의 가치를 추구하는 일본의 학교에서는 채치수처럼 운동도 잘 하고 공부도 잘 하는 학생을 흔히 볼 수 있습니다. 한 예로 도쿄대학교 의학부 학생인 우치야마 사쿠라는 2019년 일본대학선수권대회 여자 세단뛰기에서 2위, 2021년 일본관동대학대회에서는 우승을 차지했습니다. 그녀의 개인기록은 13m로 우리나라 전국체전 여자 일반부 우승권 기록입니다. 그러니 우리로 치면 학업성적으로 서울대 의대에 들어간 여학생이 전국체전 일반부 육상경기에 나가 우승을 한 셈입니다. 물론 우치야마처럼 둘 다 단순히 '잘 하는' 수준이 아닌 '최고 수준'의 성취를 동시에 이뤄내는 것은 일본에서도 매우 드문 일입니다. 하지만 부카츠 시스템 덕분에 그러한 성취가 있을 수 있다는 점 또한 자명한 사실입니다. 이것은 그냥 상상입니다. 만약 농구 부카츠라는 존재가 없었다면 〈슬램덩크〉의 채치수는 어떤 학생이 되었을까요? 운동에 대한 우선적인 욕구를 충족시키지 못해 학업에서도 방황했을지 모릅니다. 어쩌면 키 197cm의 무시무시한 일진이 되었을지도 모릅니다. 큰 신장은 농구선수로서 분명히 큰 축복입니다. 하지만 농구 부카츠가 없다면 큰 신장도 축복이 될 수가 없습니다. 공부하고는 더욱이 아무런 관련도 없지요. 만일 채치수가 조그만 책상에 앉아서 3년 내내 공부만 해야 한다면 그의 학창생활이 얼마나 고달플까요.

부카츠와 이도류

투수와 타자를 겸업하는 '이도류' 야구선수인 오타니 쇼헤이. 그는 2021년에 미국 메이저리그에서 투수와 타자로 모두 올스타에 선정되는 기염을 토했습니다. 150년의 메이저리그 역사상 최초의 일이었습니다. 하지만 그는 최소한 고등학교 때까지는 이도류가 아닌 삼도류였습니다. 그라운드에서는 투타겸업 야구선수였지만 교실 안에서는 역사과목을 좋아하는 학생이었기 때문입니다. 일본의 유명 영화감독인 카와세 나오미는 농구인 출신입니다. 그녀는 현재 일본여자농구리그(WJBL) 회장으로 재직하고 있습니다. 그녀는 학창시절 줄곧 농구선수로 활약했습니다. 고등학교 때는 농구 부카츠의 주장으로 (그 어렵다는)전국대회 진출을 이끌어내기도 했습니다. 오타니 쇼헤이나 카와세 나오미 같은 유명인이 아니더라도 일본에는 이도류 생활을 하는 평범한 사람들이 많습니다. 그리고 부카츠는 이도류 사회의 근간에 있는 존재라 할 수 있습니다.

　우리나라에서도 최근 '본캐와 부캐'라는 용어가 유행하고 있습니다. '본(本)캐릭터'와 '부(副)캐릭터'를 줄인 말입니다. 부카츠는 학업 못지않게 본격적인 활동이기 때문에 일본 학생들에게 '부캐릭터'를 만들어 주는 역할을 합니다. 일본 학생들은 부카츠를 통해 기본적으로 이도류의 길을 걷고 있으며 공통적으로 두 가지 캐릭터를 가지고 있습니다. 고상한 표현으로 하자면 두 가지 '정체성'을 가지고 있다고 할 수 있습니다. 예컨대 자신을 학생인 동시에 운동선수 혹은 학생인 동시에 뮤지션으로 인식하는 것입니다. 학생은 사회적으로 주어진 신분이자 우선적인 정체성입니다. 그리고 운동선수나 뮤지션 등은 부카츠를 통해 얻게 되는 또 하나의 정체성인 것입니다.

　부카츠는 이렇게 다중적인 자기인식을 만들어 주는 역할을 합니다. 이것은 교육적으로도 긍정적인 측면이 크다고 생각됩니다. 흔히 청소년기를 '정체성을 찾아 가는 시기'라고 말합니다. 그런데 자신이 어떤 사람인지, 무엇을 좋아하는지 잘 모르겠다는 학생들이 많습니다. 특히 공부하는 존재로서의 정체성을 받아들이기 싫어하는 학생들이 많습니다. 그런 학생들은 소속감이 약하고 학교생활에 부적응을 겪기 쉽습니다. 선택지가 공부 한 가지밖에 없기 때문입니다. 그런데 공부만큼 비중 있는 다른 선택지가 학교에 있다면 어떨까요. 흥미를 느끼는 분야에 참여하면서 소속감과 정체성 문제를 동시에 해결할 수 있습니다. 그로 인해 학교생활 전체가 긍정적으로 변화될 가능성도 있습니다. 일본 학교에서는 부카츠가 그런 역할을 하고 있습니다. 물론 학업은 뒷전으로 하고 부카츠만 열심히 한다면 그것도 문제입니다. 하지만 부카츠는 정상적인 학교생활을 조건으로 내걸고 있는 활동입니다. 예를 들어 '야구부를 하고 싶으면 우선 학교를 잘 다녀라.'와 같은 식입니다. 일본 학교에서 배구를 하는 필자의 아이가 중학교 1학년 때 겪은 일입니다. 어느 날 학교에서 1학년 전교생에게 '한자 100개 외우기'라는 무지막지한 과제를 주었습니다. 그 과제를 통과하지 못한 학생들은 부카츠 시간에 보충수업을 받아야 했습니다. 그로 인해 훈련에 빠지는 기간이 길어지면 주전이었던 선수도 후보로 밀려날 수밖에 없었습니다. 당시 배구부 주전멤버였던 아이도 죽기 살기로 한자를 외울 수밖에 없었습니다. 자의반타의반으로 '공부와 운동'이라는 이도류를 실천한 것입니다. 부카츠 시스템에서는 '나는 운동선수니까 공부는 안 해도 돼.'라는 생각을 할 수 없게 되어 있습니다.

▶ 체력훈련을 하는 초등학교 야구부 학생들

부카츠는 편견을 갖지 않는다

〈하이큐〉의 주인공으로 등장하는 히나타 쇼요는 고등학교 입학 당시의 신장이 162cm에 불과했습니다. 한국이든 일본이든 고등학교 1학년 학급에서는 아마 키순으로 1,2번이었을 것입니다. 〈슬램덩크〉의 미야기 료타(송태섭)는 168cm입니다. 두 사람 모두 운동선수는커녕 괴롭힘이나 당하지 않으면 다행으로 여길 체격입니다. 그런데 두 사람은 그 작은 신장으로 배구부와 농구부에서 맹활약을 펼칩니다. 만화를 왜 현실처럼 이야기 하냐고 또 반문하실 수 있습니다. 다시 한 번 강조하지만 〈하이큐〉와 〈슬램덩크〉의 스토리는 결코 허구나 과장이 아닙니다. 실제로 일본에서는 체격이 왜소한 학생들도 운동부에서 많이 활동합니다. 아이의 중학교 배구부에는 신장이 150cm도 되지 않는 아이가 있었습니다. 1학년의 경우 160cm미만의 학생들이 대부분이었습니다. 점프를 해도 네트 위로 손이 올라가지 않지만 모든 훈련을 정상적으로 받았습니다. 부카츠는 체격이나 소질 등 어떤 것에도 편견을 가지지 않습니다. 희망하는 사람은 누구나 입단해 차별 없이 운동할 수 있습니다. 일본에는 실제로 히나타 보다 더 작은 배구스타가 있었습니다. 2000년부터 2012년까지 일본 여자 국가대표 세터로 활약한 타케시타 요시에입니다. 그녀의 신장은 불과 159cm입니다. 그럼에도 그녀는 세계적인 세터로 활약했습니다. 타케시타가 대표팀의 중심을 잡고 있던 기간 일본 여자배구는 황금기를 누렸습니다. 체격조건이 월등한 우리나라와의 경기에서도 대부분 승리했습니다. 타케시타는 올림픽에 3번이나 출전했고 2012년 런던 올림픽에서 주전세터로 출전해 우리나라를 꺾고 동메달을 땄습니다. 또한 그녀는 소속팀이었던 JT 마블러스에서 김연경과 콤비를 이루어 25연승이라는 대기록을 세우기도 했습니다. 김연경 선수 역시 언론에서 타케시타의 실력을 극찬한 바 있습니다. 타케시타의 별명은 '세계 최소+최강 세터'입니다. 2021년 도쿄올림픽에서 일본 여자 농구는 유럽의 강호들을 연파하고 결승에 진출, 은메달을 차지했습니다. 그리고 그 중심에는 162cm의 신장을 가진 포인트 가드 마치다 루이가 있었습니다. 올림픽 전 경기에 출전, 평균 12.5개의 어시스트로 압도적인 1위에 오른 그녀는 자신보다 30~40cm 더 큰 상대와의 매치 업에서도 주눅 들지 않는 모습으로 세계를 감탄시켰습니다. 홋카이도 출신의 마치다 루이는 고등학교 농구 부카츠 시절 인터하이, 국민체육대회, 윈터컵의 3관왕을 달성하고 프로로 직행한 선수입니다.

일본의 모든 운동선수들은 부카츠에서 성장합니다. 만약 부카츠가 체격에 대한 편견을 가지고 운영되었다면 타케시타 요시에나 마치다 루이처럼 왜소한 학생들은 운동선수로 성장할 기회를 얻지 못했을 것입니다. 부카츠는 모든 학생들의 가능성을 믿고 지지해 줍니다. 편견을 가지지 않는 시스템 덕분에 '작지만 세계적인' 선수들을 배출할 수 있었던 것입니다.

평생의 취미를 배우는 특수학급

부카츠는 다른 학급의 동급생은 물론 선배, 후배와도 지속적으로 만날 수 있는 유일한 활동입니다. 다양한 연령과 다양한 특질을 가진 학생들이 하나의 관심사로 모인 일종의 '특수학급'인 셈입니다. 부카츠는 학교교육활동의 일환으로 다음과 같은 3가지의 교육적인 목표를 가지고 있습니다.

'첫째 주체성을 배양하고,

둘째 가능성을 높이며

셋째 사회성을 육성한다.'

첫 번째로 주체성을 배양한다는 것은 '이루고 싶은 목표를 설정하고 수정하는 과정을 통해 스스로 생각하고 행동할 수 있는 사람으로 키우는 것'이라고 규정하고 있습니다. 쉽게 말해 부카츠는 스스로 선택하고 참여하는 능력을 길러준다는 의미입니다. 공부는 의무적으로 하는 활동이지만 부카츠는 스스로 선택하는 활동입니다. 어떤 목표를 가지고 부카츠에 참여할 것인지도 스스로 생각하고 결정해야 합니다. 두 번째로 가능성을 높인다는 것은 '스포츠 혹은 문화의 즐거움을 맛보고 체력, 기술, 기능을 향상시켜 평생스포츠, 평생학습의 바탕을 만들고 스스로 단련하는 과정을 통해 도전정신과 자기신뢰를 형성하는 것'이라고 규정하고 있습니다. 쉽게 말해 부카츠는 평생 즐길 취미를 개발해 주고 자신감을 갖게 한다는 의미입니다. 3부에서 소개하겠지만 일본인들은 성인이 되어서도 학창시절의 부카츠를 이어서 하는 사람들이 많습니다. 부카츠가 평생의 취미가 되는 것입니다. 세 번째로 사회성을 육성한다는 것은 '다양한 관점에서 사물을 볼 줄 알고, 타인의 생각을 받아들일 줄 알고, 타인과 협력함으로써 문제를 해결할 수 있는 사람으로 키우는 것'이라고 규정하고 있습니다. 쉽게 말해 부카츠는 다양한 사람들과 어울릴 수 있는 사회성을 키워 준다는 의미입니다. 부카츠는 대인관계와 팀워크 중심의 활동이 많습니다. 운동부는 물론이고 합창단, 취주악부 같은 문화부 활동 역시 대인관계와 팀워크가 중요합니다. 그 안에서 자연스럽게 사회성을 키울 수 있는 것입니다. 부카츠가 가지고 있는 교육적인 목표 세 가지는 이 세상을 살아감에 있어 꼭 필요한 중요한 가치들입니다.

최강의 야구부가 사라진 이유

부카츠를 일본사회에 확산, 정착시킨 원동력 중 하나는 '교화력'입니다. 일본에서는 1980년대부터 학교폭력과 이지메(왕따)가 심각한 사회문제로 대두했는데 당시 일본의 교육계는 부카츠의 활성화를 통해 그 문제를 해결하고자 했습니다. 결과적으로 불량학생들이 부카츠를 통해 갱생되었다는 미담이 이어지며 그 시도는 나름 성공을 거두었고 부카츠는 청소년의 비행을 효과적으로 관리하는 '관리자'의 지위를 얻게 되었습니다.

현재의 부카츠 역시 학생들에게 엄격한 도덕적 기준을 요구하고 있습니다. 부카츠 부원들은 지도교사의 지시를 잘 따라야 하고 선후배 간의 예절도 잘 지켜야 합니다. 폭력, 흡연, 왕따 등의 품행문제를 일으키면 한마디로 '큰 일'납니다. 대회출전자격이 정지되거나 심하게는 활동 자체를 제제당하기도 합니다. 여러 명의 부원이 단체로 문제를 일으킨 경우는 부카츠의 해체까지 각오해야 합니다. 이처럼 부원들의 품행은 개인 뿐 아니라 부카츠의 존속과도 직결되는 문제입니다. 이것은 전국대회를 여러 차례 제패할 만큼 유명한 부카츠라도 예외가 없습니다. 한 예로 오사카부에 있는 PL학원고등학교(PL学園高等学校)의 경식야구부 이야기를 해 보겠습니다. PL학원고등학교의 경식야구부는 2000년대까지 명실상부 일본 최강의 고교 야구부로 군림하였습니다. 중학교 유망주 선수들을 적극 스카우트하고 전용 기숙사를 운영하는 등 야구부를 집중 육성한 학교였습니다. 그 결과 고시엔에서만 무려 7번 우승했고 준우승도 4번이나 했습니다. 이는 100년이 넘는 일본 고교야구 역사상 2위에 해당하는 실적이었습니다. 또한 1977년부터 25년 연속으로 프로에 직행한 졸업생을 배출해 냈습니다. 마쓰이 카즈오, 후쿠도메 코스케, 마에다 켄타 등을 배출해 낸 일본 프로야구의 산실과도 같은 팀이었습니다. 실력과 명성이 그토록 자자하였음에도 PL학원고등학교 야구부에는 큰 고민거리가 있었습니다. 다름 아닌 부원들의 품행문제였습니다. 야구부 내에서 왕따와 폭력사건 같은 잡음이 끊이지 않았던 것입니다. 학교 측에서는 야구부의 존속과 쇄신을 위해 많은 노력을 기울였습니다. 그럼에도 불구하고 고등학교야구연맹의 잇따른 징계를 피할 수 없었습니다. 결국 PL학원고등학교 경식야구부는 휴부(休部)를 반복하다가 끝내 해체되고 말았습니다. 일본 스포츠계가 운동부 학생들의 품행을 얼마나 중요시 하는지 알 수 있는 사례입니다.

 ## 정대만의 갱생 스토리

〈슬램덩크〉에는 부카츠를 통한 비행청소년의 갱생 스토리가 등장합니다. 그 스토리의 주인공은 북산고 농구부의 3점 슈터 정대만(본명 '미츠이 히사시')입니다. 정대만은 농구부를 이유 없이 괴롭히는 불량학생들의 우

두머리로 등장합니다. 농구부가 어이없는 폭력사건에 휘말리는 이 스토리에서 무엇보다 인상적인 것은 농구부원들의 대처입니다. 한 덩치씩 하는 농구부원들이 이유 없는 폭행을 당하면서도 끝까지 참으려는 모습을 보여줍니다. 또 교사들에게 들키지 않으려고 필사적으로 노력하는 모습도 나옵니다. 한 농구부원은 사태를 수습해 보려고 잘못한 것이 없는데도 불량배들에게 고개를 숙이기까지 합니다. 농구부원들의 이러한 성숙한 대처는 폭력사건에 휘말려 오랫동안 준비해 온 대회에 출전하지 못하게 될까봐 염려했기 때문이었습니다. 단순히 만화의 스토리만은 아닙니다. 부카츠는 실제로도 일본의 청소년들에게 매우 중요한 의미를 가진 활동입니다. 어떤 학생에게는 부카츠가 학교에 다니는 이유이기도 하고, 어떤 학생에게는 장래의 문제이기도 합니다. 〈슬램덩크〉의 채치수나 서태웅에게 농구부는 그러한 의미였습니다. 품행문제로 인해 부카츠를 제재 당하는 것은 큰 형벌이나 마찬가지인 것입니다. 정대만은 중학교 때까지 유망한 농구선수였습니다. 그런데 고등학교 입학 직후 당한 부상으로 농구를 하지 못하게 되면서 삐뚤어지기 시작했습니다. 정대만의 방황은 농구부에 다시 돌아옴으로써 비로소 끝이 났습니다.

2008년 베이징올림픽 여자소프트볼 금메달리스트 출신으로 현재는 도쿄여자체육대학 교수로 재직하고 있는 사토 리에는 다음과 같이 말합니다.

"저는 중고등학교 시절 소프트볼 부카츠에 몰입해 지냈습니다. 저의 학창시절은 공부와 부카츠, 2가지만으로도 너무 바빴습니다. 운동을 열심히 하다 보니 집에 돌아오면 먹고 쉬는 것 외에 다른 걸 할 여유가 없었어요. 부카츠는 제게 인간으로서 중요한 몇 가지 덕목들을 가르쳐주었습니다. 예컨대 부카츠 안에서는 약한 사람도 괴롭힘의 대상이 되지 않는다는 것을 배웠어요. 모두가 같은 목표를 가지고 협력해야 할 동료이기 때문이죠. 왕따나 학교폭력 같은 문제는 결국 상대방에 대한 존중이 없어서 발생하는 문제입니다."

 부모와 자녀 사이의 선한 매개체

미국 오하이오주립대와 이스라엘 헤브루대의 공동연구에 의하면 부모와 시간을 많이 보낸 아이들일수록 학업 성취도가 뛰어나고 자존감과 독립심이 높게 나타난다고 합니다. 부카츠는 학교의 교육활동이면서 동시에 보호자의 조력을 필요로 하는 활동입니다. 일본의 부모들은 부카츠를 뒷바라지하면서 자녀들과 많은 시간을 함께 보냅니다. 그들은 자녀들을 '곧 독립할 존재'로 여긴다고 합니다. 함께 있을 수 있는 시간이 길지 않음을 인식하며 산다는 말입니다. 학창시절이 지나면 곧 부모 곁을 떠날 때가 오므로 최대한 자녀와 함께 시간을 보내려고 합니다. 그리고 그 매개체가 되어주는 것이 바로 부카츠입니다.

참고로 일본의 공교육은 부카츠 외에도 부모들을 학교교육활동에 많이 참여시킵니다. 부모들을 의무에 가깝게 참석시키는 공개수업 행사를 비롯해 부모와 자녀가 함께하는 봉사활동, 공작활동, 소풍 같은 행사들을 많이 합니다. 그 중에서도 부모의 시간과 에너지가 압도적으로 많이 들어가는 활동은 역시 부카츠입니다. 일본의 부모들은 자녀들의 부카츠, 즉 방과 후 스포츠 활동이나 예술 활동을 서포트하기 위해 온갖 수고를 마다하지 않습니다. 수학학원, 영어학원에 아이들의 교육을 전적으로 맡기는 사교육 중심의 교육풍토를 가진 우리와는 문화가 크게 다릅니다. 우리 주변의 많은 학부모들은 자녀와 함께 시간을 보내는 것 대신 학원에 등록해주는 것으로 부모의 도리를 하고 있다고 생각합니다. 자녀들이 부모와의 시간을 필요로 하고 있다는 것에 대해서는 별로 생각하지 않는 것 같습니다. 필자 역시 한국의 교육풍토에 익숙했던 지라 일본의 학교 교육에 처음에는 좀처럼 적응하지 못했습니다. 특히 평일이고 주말이고 할 것 없이 이어지는 부카츠를 뒷바라지하는 일이 너무 힘들게 느껴졌습니다. 일본 학교의 부카츠는 순전히 부모를 고생시키고 시간을 빼앗는 존재라고 생각했습니다. 그런데 부카츠를 따라다니며 뒷바라지를 하면 할수록 조금씩 생각이 바뀌었습니다.

'자녀를 돕는 이런 시간을 힘들어하는 것이 오히려 정상이 아니다'

그렇게 생각이 바뀌고 난 이후로는 부카츠에 조금씩 마음을 열기 시작했습니다. 부카츠에서 요구해 오는 학부모 봉사활동에도 점점 더 적극적으로 참여했습니다. 그렇게 몇 년의 시간이 흐른 후 돌이켜보니 부카츠 덕분에 사춘기의 자녀와 많은 시간을 함께 보낼 수 있었다는 사실을 알게 되었습니다. 그것은 정말 다행스러운 일이었습니다. 부카츠는 자녀를 마땅히 도와야 할 부모로서의 도리를 할 수 있게 해 주었습니다. 부모와 자녀 사이의 선한 매개체 역할을 한 것입니다. 부카츠가 아니었다면 사춘기 자녀와 소통할 일이 거의 없을 수도 있었다는 사실을 깨달았을 때, 비로소 부카츠의 순기능을 인정할 수밖에 없었습니다.

 ## 차선책이 있어야 즐길 수 있다

'선택과 집중'은 범위를 좁혀 특정대상을 선택한 후 모든 노력을 집중시킨다는 의미입니다. 치열한 경쟁사회에서 인정받고 살아남기 위한 방편으로 사용하는 단어입니다. 선택과 집중의 논리에 의하면 운동선수가 되고자 하는 학생은 운동에만 집중해야 합니다. 학교 수업은 운동할 시간을 빼앗는 것이나 다름없으므로 가능한 멀리하고 그 시간에 운동을 한 번이라도 더 하자는 논리입니다. 공부라는 '차선책'을 두지 못하게 하는 것입니다. 그럼 운동과 공부에 모두 재능을 보이는 학생은 어떻게 해야 할까. 선택과 집중의 논리에 따르자면 어느 한 쪽을 포기하도록 강요할 수밖에 없습니다. 이런 논리는 치열한 경쟁 사회에서 뒤처지면 안 된다는 불안감이 기저에 깔려 있습니다. 그래서 본래의 좋은 의도와는 달리 '모 아니면 도' 식의 위험한 발상을 이끌어 냅니다. 1등만을 추구해야 하므로 차선책을 준비할 여유가 없게 만듭니다. 물론 선택과 집중은 때때로 유용한 처세술이 됩니다. 하지만 한 가지에 집중한다고 해서 성공한다는 보장은 없습니다.

중학교 시절, 학교에 레슬링부와 하키부가 있었습니다. 30여 년 전이니 운동에만 몰입하는 전형적인 엘리트 운동부였습니다. 레슬링부와 하키부 친구들은 수업에 거의 들어오지 않았습니다. 간혹 들어오더라도 공부할 의지는 없어 보였습니다. 그 친구들의 잘못이 아니라 당시의 시스템이 그랬습니다. 레슬링부에 친한 친구가 한 명 있었습니다. 그는 전국중학교레슬링대회에서 우승까지 했던 유망주였습니다. 하루는 체육교사가 반 학생들 앞에서 그 친구를 세워 놓고 말했습니다.

"얘는 나중에 100%올림픽 나간다. 그러니 너희들 미리 사인 받아 둬라."

그게 중 2때의 일이었습니다. 그 후 필자는 일반고에 진학했고 그 친구는 체고로 진학해 자연스럽게 연락이 끊겼습니다. 대학생이 된 후 그의 소식이 궁금해졌습니다. 마침 인터넷 검색이 가능해진 시기여서 그의 이름을 찾아보았습니다. 예상대로 고교레슬링대회 관련 기사에서 그의 이름을 찾을 수 있었습니다. 그런데 고교 무대는 중학교와 수준이 달랐던 건지 그 친구의 성적은 신통치 않았습니다. 그리고 이후로는 그 친구의 이름을 어디서도 찾을 수 없게 되었습니다. 중학교 때까지만 해도 국가대표가 되어 올림픽에 나갈 것이라고 믿었던 친구였습니다. 하지만 몇 년간 아무리 수소문을 해도 그 친구의 행방을 알 수 없었습니다. 오로지 운동만 했던 그 친구의 앞날이 걱정되었던 것 또한 사실입니다.

일본 학생들의 경우 부카츠에서 운동을 하더라도 모든 것을 걸고 하지는 않습니다. 대부분은 학업을 우선에 두고 부카츠를 차선책으로 둡니다. 물론 프로선수를 목표로 하는 학생은 운동을 더 우선시하기도 합니다. 하지만 학업도 포기하지는 않습니다. 따라서 어떤 학생이나 차선책을 가지고 있는 셈입니다. 그래서 대회에 나가 좋은 성적을 내지 못해도 낙심하는 학생들이 거의 없습니다. 유망주 선수들도 학업을 차선책으로 함께 준비하기 때문입니다. 어쩌면 그래서 일본 학생들이 스포츠와 예술 활동을 진심으로 즐길 수 있는 것인지도 모릅니다. 중학교 레슬링부와 하키부 친구들의 모습에서 뚜렷이 기억나는 것이 있습니다. 그 친구들은 운동은 매우 잘했지만 즐기는 것처럼 보이지는 않았다는 점입니다. 운동부 친구들은 다소 어두웠고 불안을 가지고 있었습니다. 어린 나이에 운동에 모든 것을 걸고 있었기 때문이었을 겁니다. 차선책이 있어야 무언가를 진심으로 즐길 수 있습니다. 차선책이 있어야 마음의 여유를 가질 수 있습니다. 차선책은 누구에게나 필요합니다. 그래서 개인적으로 청소년들은 어떤 진로를 생각하더라도 가급적 학업과 병행하는 편이 좋다고 생각합니다. 단, 운동부의 저변이 매우 취약한 우리나라에서 극소수에 불과한 학생선수들에게 공부를 강요해야 한다고는 생각하지 않는 편입니다. 이 부분은 1부 마지막 부분에서 다시 언급하겠습니다.

 ## 〈슬램덩크〉의 선한 영향력

부카츠에는 건전한 영향력이 있습니다. 우선 부카츠 자체가 학교의 교육활동이기 때문에 건전성을 기본으로 하고 있습니다. 일본에서는 부카츠와 관련된 문화 컨텐츠들이 매우 많이 생산됩니다. 그것은 주로 스포츠나 음악활동을 둘러싼 젊은이들의 열정을 묘사한 것들로서 대부분 건전한 성격을 가지고 있습니다. 일본 학생들에게 부카츠는 현실입니다. 중학교 이후의 생활은 부카츠 중심으로 돌아간다고 해도 과언이 아닙니다. 부카츠는 일본 청소년들의 대화, 생각, 행동, 복장 등에 큰 영향을 끼칩니다. 대개 부카츠에 열심히 참여하는 학생일수록 건전한 생활태도를 가지고 있습니다. 〈슬램덩크〉의 인기가 절정이던 90년대에는 대부분의 한국 남학생들이 농구에 대한 열정을 품고 생활했습니다. 학교 종이 치기 무섭게 농구장으로 달려가 〈슬램덩크〉의 감동을 재현해 보려고 몸부림치던 시절이었습니다. 농구골대 하나에 수십 명이 밀집하는 것은 기본이었습니다. 림의 그물은 하루도 성한 날이 없었습니다. 그래도 마냥 농구가 즐거웠습니다. 연애보다, 게임보다 농구가 훨씬 더 재미있었습니다. 언제 적 이야기냐고 반문하는 분도 계시겠지만 어쨌든 만화 한 편의 영향력이 그만큼 컸습니다.

〈슬램덩크〉의 작가인 이노우에 다케히코 역시 일본 사회에 선한 영향력을 끼치고 있습니다. 〈슬램덩크〉의 인세를 재원(財源)으로 장학금을 조성해 운영하고 있기 때문입니다. 일본의 농구 유망주들을 지원하기 위해 2008년부터 시작된 '슬램덩크 장학금'이 바로 그것 입니다. 슬램덩크 장학금은 농구선수를 꿈꾸는 고등학생들을 선발해 미국 대학에 진학시키는 것을 목적으로 운영하고 있습니다. 실제로 이 장학금 수혜자들은 모두 미국 대학에 진학해 농구를 배웠습니다. 그리고 현재 대부분 일본에서 프로 농구선수로 활동하고 있다고 합니다. 작가인 이노우에 역시 고등학교 시절 농구부에 몸담았던 인물입니다. 농구부를 경험한 작가가 농구만화를 만들었고 농구만화가 성공하자 장학금을 조성해 남을 돕고 있는 것입니다. 이노우에 타케히코는 말합니다.

"농구를 소재로 한 만화가 큰 성공을 거두었습니다. 그러니 농구에 대한 은(恩)을 갚아야지요. 그것이 장학금을 운영하는 취지입니다."

부카츠 때문에 성적이 떨어질까

일본에서도 꼭 부카츠를 해야 하는지에 대한 논쟁은 늘 있어 왔습니다. 특히 고등학교 학부모들 중에는 '부카츠를 하면 시간을 빼앗겨 입시 준비에 불리하다'고 걱정하는 사람들도 있습니다. 부카츠를 하는 학생이 부카츠를 하지 않는 학생에 비해 시간적으로 불리하게 보이는 것은 당연합니다. 일본 학생들은 주당 평균 15시간 안팎을 부카츠에 할애하기 때문입니다. 부카츠를 하지 않으면 그만큼 공부시간을 확보할 수 있어 성적향상으로 이어질 거라고 기대하는 부모들이 적지 않습니다. 또한 부카츠에 시간을 빼앗겨 수면시간을 확보하기 어렵다고 생각하는 부모들도 있습니다. 둘 다 어찌 보면 자연스러운 생각입니다.

이와 관련한 실제 연구가 진행되었습니다. 도쿄대 사회과학연구소는 중학교 2학년과 고등학교 2학년을 대상으로 부카츠와 성적, 학습시간, 수면시간과의 상관관계를 조사했습니다. 결과부터 말씀 드리면 부카츠를 하는 학생과 하지 않는 학생 사이에는 3가지 항목 모두 유의미한 차이가 없었습니다. 성적은 오히려 부카츠를 하는 학생들의 그룹이 하지 않는 학생들의 그룹에 비해 상위권에 포함된 비율이 다소 높았습니다. 중학교 2학년 여학생 중 운동부 소속의 학생은 30.8%가 성적상위권에 속해 있었습니다. 반면 부카츠를 하지 않는 여학생들은 25%만이 상위권에 속해 있었습니다. 고등학교 2학년 남학생 중 운동부 소속의 학생은 26.2%가 성적상위권에 속해 있었습니다. 반면 부카츠를 하지 않는 남학생들은 25.5%가 상위권에 속해 있었습니다. 가정에서의 학습시간도 부카츠를 하는 학생 쪽이 오히려 근소하게나마 더 길었습니다. 중학교 2학년 학생 중 부카츠에 가입한 학생들의 하루 평균 학습시간은 1.73시간이었습니다. 반면에 부카츠에 가입하지 않은 학생들의 평균시간은 1.51시간에 머물렀습니다. 수면시간도 거의 차이가 없었습니다. 부카츠에 가입한 중학생들은 하루 평균 7.42시간을 자고 있었습니다. 가입하지 않은 중학생들은 7.47시간으로 0.05시간 많은 것에 불과했습니다. 이런 현상은 고등학교 2학년들도 마찬가지였습니다. 정리하자면 부카츠에 가입한 학생들은 가입하지 않은 학생들에 비해 조금 더 공부하면서도 수면시간은 똑같이 확보하고 있는 것입니다. 일주일에 약 15시간을 부카츠에 쓰지만 효율적으로 시간을 관리하고 있다고 볼 수 있습니다. 반면 부카츠를 하지 않는 학생들은 15시간이라는 상대적인 여유가 있음에도 성적은 물론이고 학습시간과 수면시간 어느 쪽도 나은 면을 보이지 못했습니다. 그 만큼 시간활용을 잘 하지 못하고 있다는 뜻입니다.

'심심함'이라는 문제의 해결책

어린이들과 청소년들에게 있어서 '심심함'은 작지 않은 문제꺼리입니다. 극단적으로는 일탈이나 범죄로 이어지기까지 합니다. 특히 주말이나 공휴일에는 더 큰 문제가 됩니다. 많은 부모들이 '심심함'의 문제를 해결해 보려고 가족여행 같은 계획을 세웁니다. 하지만 정작 아이들은 동네에서 친구와 노는 것을 더 원하는 경우가 많습니다. 성장해 갈수록 그런 경향이 뚜렷해집니다.

40대 가장 A씨의 이야기입니다. A씨는 어느 날 가족들과 유럽여행을 가기로 결심했습니다. A씨에게는 청소년 자녀 두 명이 있었습니다. 가족을 즐겁게 해 주겠다는 기대를 품고 A씨는 오랫동안 여행계획을 세웠습니다. 그리고 큰 비용을 지출해 유럽여행을 다녀왔습니다. 그런데 A씨 가족의 유럽여행은 기대했던 것만큼 즐겁지 않았습니다. 여행기간 동안 가족들이 사소한 의견충돌로 자주 다투었기 때문입니다. 여행지에서 내내 툴툴거리는 자녀들을 보면서 A씨는 자신의 노력이 인정받지 못하는 것 같아 허탈한 기분이 들었습니다.

이러한 일들은 대부분 자녀와 충분히 상의하지 않고 부모가 원하는 방식으로 시간을 보내려하기 때문에 일어납니다. 개인심리학의 창시자인 알프레드 아들러는 아이가 흥미를 가진 일에 함께 관심을 가져주는 것이야말로 최선의 교육이라고 했습니다. 부모로서 휴일에 자녀를 위해 할 수 있는 최선은 무엇일까. 그것은 아들러의 교훈처럼 '자녀가 원하는 일을 할 수 있도록 도와주는 것'일지도 모릅니다. 일본의 청소년들은 주말과 공휴일에 대개 부카츠를 하며 시간을 보냅니다. 운동부는 휴일에 훈련이나 대회가 집중되어 있고 문화부도 연습이나 공연이 있습니다. 일본의 휴일 풍경을 한 단어로 표현하자면 '부카츠'라고 할 수 있을 정도입니다.

부카츠는 교육활동을 넘어 여가생활의 성격도 가지고 있는 것입니다. 일본 청소년들이 휴일에도 학교 교육활동인 부카츠를 즐기는 이유는 '재미'의 요소 때문입니다. 부카츠는 무언가를 배우는 시간이기도 하지만 친구와 선후배를 만나는 시간이기도 합니다. 내성적인 성격이 아니라면 흥미를 가질 수밖에 없습니다. 부모 입장에서도 부카츠는 고마운 존재입니다. 휴일이 되면 자녀들이 부카츠에 가서 반나절에서 하루 종일 시간을 보내고 오기 때문입니다. 준비물만 잘 챙겨주면 '좋은 부모' 소리도 들을 수 있습니다. 부모들은 부카츠를 뒷바라지하며 자녀의 활동모습이나 친구관계도 엿볼 수 있습니다. 또한 부모 자신도 인맥을 넓히고 다양한 경험을 할 수 있습니다. 부카츠에 참여하는 일은 휴일을 현명하게 보내는 좋은 방법이 될 수 있습니다.

▶ 초등학교 야구부 학생들. 즐거워 보이지 않는가?

 ## 스펙이 아니라 순수함이다

부카츠는 철저한 아마추어 정신을 바탕으로 '전인격적인 성장을 도모한다'는 교육적 취지로 운영합니다. 참가주체인 학생과 교사, 학부모들은 부카츠로부터 교육적 목적 이외에 다른 것을 크게 기대하지 않습니다. 부카츠는 진학이나 취업을 위한 스펙과는 사실상 거리가 먼 활동이기 때문입니다. 물론 학교의 교육활동인 만큼 진학과 연결되는 케이스가 전혀 없는 것은 아닙니다. 일본에도 부카츠에서의 성취도를 활용한 추천입학제도라는 것이 존재합니다. 하지만 그것은 대부분의 경우 전국, 혹은 현(県)

단위의 대회에서 입상실적을 올린 학생들을 위한 제도입니다. 부카츠의 엄청난 저변을 생각하면 극소수에게만 적용되는 것으로 보는 편이 적절합니다. 필자는 자녀가 받아온 일본 중학교의 생활기록부를 보고 놀란 적이 있었습니다. 학생들이 그토록 열심히 참여하는 부카츠 관련기재가 생각보다 너무 적었기 때문입니다. 부카츠에 대해 기재하는 란에 '배구부'라는 단어 한 개가 전부였습니다. 일주일에 15시간 이상을 활동했고 줄곧 주전멤버로 활약했음에도 관련된 기재는 없었습니다. 물론 아이는 생활기록부 때문에 운동을 한 것은 전혀 아니었습니다. 하지만 운동에 쏟아부었던 노력을 알고 있는 부모 입장에서 보면 약간은 허무함을 느낄 정도였습니다. 하지만 그만큼 일본 학교들이 부카츠를 순수한 목적으로 운영하고 있다는 점을 느낄 수 있었습니다. 그럼 부카츠와 취업과의 연관성은 어떨까. 일본에서는 회사 면접 등에서 학창시절의 부카츠와 관련된 질문을 하는 경우가 있다고 합니다. 하지만 실적이 아닌, 부카츠를 통해 무엇을 배웠는지를 묻는 질문이 대부분이라고 합니다. 부카츠가 취업으로 직접 연결되는 케이스는 운동부 학생이 졸업과 함께 프로구단에 지명되는 것 정도입니다. 이는 극히 드문 케이스라 할 수 있습니다. 야구를 예로 들어보겠습니다. 일본의 고등학교 야구선수는 대략 15만 명이나 되지만 졸업 후 프로구단에 지명되는 학생은 한 해 50명 안팎에 불과합니다. 야구부 학생 중 약 0.033%만이 취업으로 연결되는 셈입니다. 이것은 확률적으로 한국의 고등학생들이 서울대에 들어가는 것보다 훨씬 어려운 일입니다. 따라서 일본 중학생들의 85%, 고등학생들의 70%가 참여하는 부카츠는 진학이나 취업을 위한 스펙 쌓기의 활동으로 보기는 어렵습니다. 순수한 동기에 의한 활동이라고 보는 편이 타당합니다. 이러한 순수성은 대학 부카츠까지 유지됩니다. 부카츠의 코치(학교의 부카츠 담당교사가 아닌 외부에서 초빙된 전문인)들도 경기 성적 때문에 해고되는 경우는 거의 없다고 합니다. 물론 전국대회에 입상할 만큼의 실력을 가진 학생들은 어느 정도 진학이나 취업을 목표로 부카츠를 하고 있다고 볼 수 있습니다. 하지만 그 비중은 아무리 많이 잡아도 전체 부카츠 인구 중 5%미만으로 생각됩니다. 심지어 전국대회에서 우승한 선수가 일반입시로 대학에 가는 경우도 심심찮게 볼 수 있습니다.

부카츠는 결과보다 과정을 중시하는 아마추어리즘을 미덕으로 삼는 활동입니다. 만약 부카츠가 진학이나 취업을 위한 스펙이 된다면 어떤 현상이 일어날까. 아마도 순수한 동기에서 오는 '재미와 즐거움'이 가장 먼저 사라질 것입니다. 참가주체들 사이에는 경쟁의식과 갈등이 높아질 것입니다. 결국 이해관계와 득실을 따져야 하는 피곤한 활동이 되고 말 것입니다. 스펙으로 변질시키지 않고 순수한 동기를 지켜 온 것이야말로 부카츠가 일본 사회에 정착, 유지되어올 수 있었던 가장 중요한 요소가 아닐

까 생각합니다. 학생 스포츠 활동이 스펙으로 변질되면 결국은 승리만이 목표가 되어 버립니다. 한국 축구의 레전드인 이영표 현 대한축구협회 부회장은 한 강연에서 다음과 같은 말을 남겼습니다.

"어렸을 때 축구가 좋았던 이유는 축구를 하면 행복했기 때문입니다. 프로선수가 되기 전에 축구는 제게 행복 자체였습니다. 그런데 프로가 되어 돈을 받고 나서부터는 축구를 하는 게 행복하지 않았습니다. 아마추어일 때는 축구를 하는 것 자체가 좋았는데 프로가 되어 돈을 받으니, 그것은 이기라는 뜻이었습니다. 즐기는 것은 내 맘대로 할 수 있는데 이기는 것은 내 맘대로 할 수 없었습니다. 축구를 하는 목적이 즐기는 것에서 이기는 것으로 옮겨가자 축구는 더 이상 저를 행복하게 하지 못했습니다."

작은 부카츠도 존중 받는다

　일본에서 부카츠는 그 자체로서 인정을 받는 존재입니다. 사람들의 인기나 선호도, 성적 등에 좌지우지 되는 것이 아니라는 뜻입니다. 그러니 자연스럽게 저변도 확대될 수밖에 없습니다. 농구를 예로 들어보겠습니다. 최근 일본 농구의 기세가 무섭다고는 하지만 여전히 일본에서는 비인기 종목이라는 인식이 남아 있습니다. 국제무대에서의 성적 또한 전통적으로 한국에 비해 열세였습니다. 그럼에도 일본 농구계는 두터운 저변을 오랫동안 유지해 올 수 있었습니다. 다름 아닌 부카츠 덕분입니다. 대부분의 중, 고, 대학에서 남녀 농구부를 운영하고 있습니다. 학교 농구부가 곧 일본 농구계의 저변이라 할 수 있습니다. 유소년 대상의 소년단과 클럽, 지역사회의 농구팀들도 무수히 많습니다. 어떤 학교의 농구부에는 부원이 2, 3명뿐입니다. 인기도 없고 시합에 나갈 수도 없습니다. 그런데도 폐지시키지 않고 운영합니다. 그 사실이 중요합니다. 부원이 적다고, 인기가 없다고, 성적이 신통치 않다고 부카츠를 폐지하는 경우는 좀처럼 없습니다. 존재 그 자체로 존중을 받는 것입니다. 작은 부카츠들은 다른 학교의 부카츠와 연합팀을 구성해 대회에 출전할 수 있도록 하는 제도가 마련되어 있습니다. 그러니 작은 부카츠들이 존속하게 되고 해당 종목의 전체적인 저변은 두터워질 수밖에 없습니다.

두터운 저변은 그 자체로 힘을 가지고 있습니다. 저력이 있습니다. 특히 인재를 발굴하기 위해서 저변만큼 중요한 요소는 없을 것입니다. 아무리 뛰어난 인재가 있어도 저변이 없으면 묻혀 버리기 십상입니다. 농구만 해도 일본은 한국을 꾸준히 따라잡았고 최근에는 오히려 국제대회 성적에서 앞서고 있습니다. 상황이 이렇게 역전되는 이유는 저변의 차이라고밖에 생각할 수 없습니다. 오래 전 지인 중에 달리기를 잘하는 여성이 있었습니다. 그녀는 고등학교 때 운동장에서 보통 신발을 신고 100m를 12초대에 뛰었습니다. 육상훈련을 전문적으로 받은 적은 한 번도 없었습니다. 한국 여자 100m 최고기록이 11초대인 점을 감안하면 그녀의 재능은 꽤 훌륭했던 것 같습니다. 하지만 그녀는 초, 중, 고등학교를 거치면서 육상부가 있는 학교를 한 번도 다니지 못했습니다. 육상부가 있는 학교에서 스카우트 제의를 받은 적은 있었지만 전학을 가기에는 현실적인 걸림돌이 많았습니다. 그녀의 재능은 그렇게 묻혀 버리고 말았습니다. 그녀가 전문적인 훈련을 받고 트랙에서 스파이크를 신고 뛰었다면 어떤 기록이 나왔을지 지금도 궁금합니다. 만약 똑같은 재능을 가진 학생이 일본에 있었다면 틀림없이 부카츠에 들어갔을 것입니다.

시니세와 부카츠의 공통점

'시니세(老舗, 노포)'라는 일본어 단어가 있습니다. 한자의 의미 그대로 '오래된 가게'라는 뜻입니다. 특히 대를 이어서 100년 넘게 경영해 온 가게를 지칭하는 경우가 많습니다. 부카츠도 시니세와 닮았습니다. 100년이 넘는 역사를 가지고 있는데다가 대를 이어서 하는 경우가 많기 때문입니다. 일본에는 성인이 되어서도 사회인 부카츠로 스포츠나 예술 활동을 하는 사람들이 매우 많습니다. 또한 그런 부모를 보며 성장한 자녀들 역시 대를 이어 같은 분야를 하는 경우가 많습니다. KBS 운동장 프로젝트 제작팀이 출간한 〈운동하는 아이가 행복하다〉라는 책에는 '유이나'라는 소녀의 이야기가 나옵니다. '마마상배구'에서 활동하는 할머니와 어머니를 두고 있는 소녀입니다. '마마상(ママさん)'이란 일본어로 '어머니'라는 뜻이고, '마마상배구'는 가정주부들이 참여하는 배구활동을 총칭하는 용어입니다. 유이나는 할머니와 어머니가 배구를 하며 행복해 하는 모습을 보고 자란 소녀입니다. 그래서 그녀 역시 자연스럽게 배구를 하게 되었다는 스토리입니다. 유이나도 학창시절 뿐 아니라 성인이 된 이후에도 배구를 계속할 가능성이 높습니다. 할머니가 장수하신다면 어쩌면 할머니, 어머니와 함께 3대가 마마상배구 활동을 하게 될 지도 모릅니다. 실제로 일본에서는 유이나 같은 사례를 매우 일상적으로 접할 수 있습니다. 자녀와

같은 학교, 같은 운동부 출신의 학부모들도 어렵지 않게 볼 수 있습니다.

단순히 대를 이어서 부카츠를 하는 일 자체에 큰 의미를 부여하기는 어렵습니다. 하지만 적어도 부정적으로 볼 이유는 없습니다. 부모와 자녀가 운동을 함께 즐기는 과정에서 유대감을 높일 수 있습니다. 당연히 건강에도 도움이 됩니다. 일본의 부모들은 자녀에게 차가운 편이라고 말하는 사람들이 있습니다. 스킨십에 적극적인 우리나라 사람들이 보면 그렇게 보일 수 있습니다. 일본의 부모들은 확실히 자녀와의 스킨십은 조금 부족해 보입니다. 그 대신 일본 부모들은 자녀들에게 '시간'을 매우 많이 투자합니다. 그 대표적인 방법이 부카츠를 통해 자녀와 취미생활을 함께 하는 것입니다. 자녀에게 사랑을 표현하는 방법이 우리와 다른 것입니다. 자녀와 시간을 함께 보내는 것은 용돈을 주는 일이나 스킨십을 하는 것보다 사실 실천하기 더 어려운 일입니다.

 ## 퐁피두가 제시한 '삶의 질'

프랑스의 19대 대통령인 조르주 퐁피두(1911-1974)는 자신의 공약집에 담은 〈삶의 질〉이라는 글에서 프랑스 중산층의 6가지 기준을 다음과 같이 제시했습니다.

첫째 외국어를 한 가지 할 수 있을 것, 둘째 즐기는 스포츠가 있을 것, 셋째 다룰 줄 아는 악기가 있을 것, 넷째 남들과 다른 맛을 내는 요리를 만들 수 있을 것, 다섯째 사회적 공분에 의연히 참여할 것, 여섯째 약자를 도우며 봉사활동을 꾸준히 할 것입니다. 중산층의 기준을 주로 체육, 문화, 예술 활동을 즐기고 있는지의 여부로 판단한 것입니다. 물론 이 견해가 삶의 질에 대한 절대적인 기준은 아닐 것입니다. 하지만 어쨌든 일본 사람들은 부카츠 덕분에 적어도 퐁피두가 제시한 '삶의 질'은 어느 정도 보장받고 있다고 할 수 있습니다. 반면 우리나라 사람들은 중산층의 기준을 오로지 경제적인 측면으로만 생각하는 경향이 있습니다. 예컨대 부채 없는 몇 평 이상의 아파트를 소유하고 있어야 한다거나, 월급이 얼마 이상은 되어야 한다거나, 1년에 몇 차례는 해외여행을 다닐 수 있어야 한다는 식입니다. 경제력이 절대적인 가치가 되다보니 일도 많이 할 수밖에 없습니다. 우리나라의 근로시간은 연간 약 2000시간으로 세계 최고수준으로 알려져 있습니다. 일본도 약 1700시간으로 적은 편은 아니지만 우리나라와는 연간 300시간이나 차이가 납니다. 하루로 환산하면 매일 50분 차이입니다. 삶의 질이 근로시간이나 여가시간과 관련 있다고 가정한다면 우리나라 사람들은 삶의 질을 챙기기 쉽지 않다는 결론에 도달합니다. 문화체육관광부가 2년마다 실시하는 국민여가활동조사에 따르면 우리나라 사람들의 여가활동 1위는 단연 TV시청입니다. 2위가 인터넷

검색입니다. 실내에서 움직이지 않고 하는 활동들입니다. 쉴 시간이 부족한데다 항상 피곤하니 어쩔 수가 없습니다. 청소년들도 마찬가지입니다. 스포츠나 예술 활동에 참여할 기회가 적으니 쉬는 날이면 PC방으로 향하기 십상입니다. 어두침침한 곳에서 푹신한 의자에 몸을 맡긴 채 마우스를 눌러대는 것이 우리 청소년들의 휴식이 된 지 오래입니다.

교육에 조금이라도 관심이 있는 한국인이라면 일본 청소년들의 생활을 보고 충격을 받지 않을 수 없을 것입니다. 일본의 청소년들은 쉬는 날이면 유니폼을 갖춰 입고 스포츠를 하거나 악기를 연습하며 시간을 보냅니다. 어느 쪽이 더 나은 삶인지에 대한 절대적인 기준이 없다는 점에는 동의합니다. 하지만 일본의 청소년들이 우리나라의 청소년들보다 행복해 보인다는 점을 부인하기는 상당히 어렵습니다.

 ## 블랙부카츠의 문제

지금까지는 부카츠에 대해 긍정적으로 평가할 만한 측면들을 이야기했습니다. 그러나 일본 사회에는 부카츠의 문제점을 지적하는 목소리도 항상 있어 왔습니다. 일본인이라면 누구나 알고 있는 '블랙부카츠'라는 말은 부카츠의 어두운 면을 통칭하는 용어입니다. 대부분의 학생들을 참여시키고 있는 부카츠의 운영방식을 부정적으로 보는 견해도 만만치 않습니다. 그들은 부카츠가 학생, 교사, 학부모에게 필요이상의 부담을 지우고 있다고 말합니다. 특히 교원의 업무 부담이 지나치게 크다는 의견이 많습니다. 부카츠를 담당하는 학교의 교원을 일본어로 '코몬'(顧問, 고문)이라고 부르는데 일본의 교사들은 대부분 교과교사와 코몬을 겸직하고 있기 때문입니다. 2017년에는 부카츠에 대해 학술적으로 연구하고 제언하기 위한 '일본부카츠학회'가 발족했습니다. 일본부카츠학회는 기존 부카츠 운영방식의 문제점을 지적하고 개선안을 만들어 사회에 내놓고 있습니다.

후쿠오카현의 한 공립중학교에서 체육교사로 근무하고 있는 나카무라 유미코(여, 가명)씨는 2014년에 SNS상에 〈부카츠문제대책프로젝트〉라는 페이지를 개설해 활동해 왔습니다. 페이지를 개설하자마자 같은 문제로 고민하는 많은 교원들을 만날 수 있었다고 합니다. 해당 페이지에 올라온 부카츠 지도교사들의 목소리를 일부 발췌해 보았습니다.

"부카츠 때문에 너무 바빠 수업준비를 할 시간이 없다.
더 나은 수업을 하고 싶다."
"보충수업을 해 달라는 요청을 받아도 부카츠 때문에 할 시간이 없다.
학습부진을 겪는 아이들을 돕고 싶어도 도울 수가 없다."
"토요일, 일요일도 부카츠 지도를 해야 하니 심신이 피폐해 진다.
학생들과 제대로 대화할 여유조차 없다."

"현재의 부카츠와 대회의 운영방식에는 부담과 의문 밖에 느끼지 않는다."

"1년 동안 8일 밖에 못 쉬는 지옥을 체험했다. (부카츠 때문에) 가정이 무너지고 수업도, 다른 업무도 외줄타기처럼 아슬아슬하게 해 온 느낌이다."

"부카츠가 이렇게 중요한 거라면 교원양성과정에서 부카츠 지도에 관해 따로 배워야 한다."

"100일 연속근무 달성. 올해 휴일은 7일뿐이었다. 모든 게 부카츠 탓이다."

"부카츠의 현 상황은 한 마디로 무법지대라고 할 수 있다."

"지금까지 해왔던 상식이라는 이유로 부카츠 지도를 강제하는 것은 이상하다."

자성의 목소리

나카무라 교사는 〈부카츠문제대책프로젝트〉페이지에서 － (1)교원에 대한 코몬(부카츠 지도교사) 강제 반대 (2)학생에 대한 부카츠 가입의 강제 반대 (3)교원채용시험에서 부카츠 지도의 가능여부를 묻는 행위 반대 -를 내세우고 동의를 구하는 서명운동을 벌여 6만 명 이상의 동의를 얻어내기도 했습니다. 나카무라 교사는 체육교사로서 오랫동안 소프트테니스, 검도, 배구 등의 체육계열 부카츠 지도교사를 해 왔습니다. 퇴근은 오후 9시를 넘길 때가 많았고 퇴근 후에도 학부모들의 상담전화에 응했습니다. 주말에는 학생들을 인솔해 연습시합과 대회에 나갔습니다. 연간 쉬는 날은 오봉(우리의 추석)과 오쇼가츠(우리의 설날)뿐이었습니다. 육아는 조부모에게 맡겼는데 엄마의 부재로 아이들이 스트레스를 호소해 딸의 담임교사에게 주의를 받기도 했습니다. 급기야 1살짜리 아들이 병까지 얻게 되자 나카무라 교사는 부카츠 코몬 생활에 깊은 회의감을 느꼈습니다. 그 해에 〈부카츠문제대책프로젝트〉페이지를 개설하고 다음해에는 처음으로 코몬을 거부했습니다. 다다음해에는 코몬을 보조하는 후쿠코몬(副顧問, 부고문)으로 일하며 다소 여유를 찾을 수 있었습니다. 나카무라 교사는 '학생의 성장을 위한다는 측면에서 부카츠 지도는 훌륭한 것'이라면서도 현실적인 문제점을 직시하지 않으면 안 된다며 목소리를 높였습니다. 특히 그녀는 전문지식 없이 부카츠 지도를 맡고 있는 교원들이 많다는 점을 큰 문제점으로 꼽았습니다. 전문지식과 지도법을 배우지 못한 채 부카츠 지도를 담당하면 비효율적인 연습과 장시간 훈련으로 연결되는 등 부작용이 많다는 것입니다. 그녀는 교원들이 침묵하면 아무 것도 바뀌지 않는다며 앞으로도 부카츠 제도 개선을 위해 계속해서 목소리를 내겠다는 의지를 나타냈습니다.

부카츠에 대한 자성의 목소리는 부카츠가 과열양상을 띤다는 점에 초점을 맞추고 있습니다. 교육위원회가 정한 활동일수와 시간을 지키지 않고 과도하게 많은 시간을 할애하고 있다는 것입니다. 이러한 지적에 따라 현재 일본의 교육계는 부카츠에 대한 규제범위를 확장시키고 있는 추세입니다. 예컨대 시험을 앞 둔 일정한 시점부터 시험이 끝날 때까지 활동을 금지한다든지, 아침훈련은 교장의 허락을 받아야만 할 수 있게끔 하는 것 등입니다. 필자가 살고 있는 시즈오카시의 경우 5월 셋째 주 토요일, 11월 둘째 주 토요일, 12월 첫째 주 일요일을 '부카츠 없는 날'로 지정하고 있습니다. 또한 각 학교의 재량껏 연간 3일을 추가로 '부카츠 없는 날'로 지정하도록 권고하고 있습니다.

교원의 과도한 부담

부카츠의 문제점 중 가장 많이 거론되는 것은 역시 지도교사의 부담입니다. 부카츠는 오랫동안 일본 교원들의 다망(多忙)의 상징으로 여겨져 왔습니다. 하지만 바쁜 차원을 넘어 과도한 부담이 되고 있다는 지적이 끊이지 않았습니다. 부카츠 지도교사들은 방과 후 훈련지도는 물론 휴일에도 학생들을 인솔해 대회에 참가해야 합니다. 취지가 아무리 좋아도 심신의 피로와 시간적 부담을 느낄 수밖에 없습니다. 경제협력개발기구

(OECD)는 2008년부터 5년 주기로 국제교원지도환경조사(TALTIS)를 실시해 왔습니다. 2018년 중학교 교원의 과외활동시간항목을 보면 일본은 주당 7.7시간을 사용하는 것으로 나타났습니다. 회원국 평균의 약 4배에 달하는 수치였습니다. 대부분 부카츠 지도에 할애하는 시간이었습니다. 그러나 실제로는 그 보다 훨씬 많은 시간을 할애하고 있습니다. 2019년에 일본의 한 유명제과회사가 〈부카츠를 위해 할 수 있는 것〉이라는 조사를 진행했습니다. 해당 조사에 따르면 부카츠 지도교사는 하루 평균 1.78시간을 부카츠 지도에 사용하는 것으로 나타났습니다. 주말에 활동을 하지 않는다고 가정해도 주 5일간 약 9시간을 사용하는 셈입니다. 이 수치가 현실을 더 잘 반영하고 있습니다. 물론 주말에 연습시합과 대회에 참가하면 활동시간은 훨씬 늘어납니다. 우리나라의 교육부에 해당하는 일본 문부과학성의 2016년도 조사에 따르면 중학교 부카츠 지도교사는 주말에 평균 2시간 10분을 부카츠에 할애하는 것으로 나타났습니다. 2006년 조사에 비해 1시간 4분이나 늘어난 수치입니다. 과열양상이라는 이야기가 나올 수밖에 없는 이유입니다. 일본 스포츠청은 2017년에 공립중학교의 평일 부카츠 활동일수에 대해 조사했습니다. 그 결과 쉬는 날 없이 주 5일 활동한다고 응답한 곳이 52%에 이르렀습니다. 또한 주말에도 매주 활동한다고 응답한 비율이 무려 69%에 달했습니다. 또한 모든 교원이 부카츠 지도를 하고 있다고 응답한 학교가 전체의 60%에 달했습니다. 조

사에 응한 한 공립중학교의 50대 남자교사는 다음과 같은 말로 피로감을 호소했습니다.

"연습시합을 많이 잡아야 좋은 선생이라는 학부모들의 압박을 느끼며 삽니다."

도쿄대 사회과학연구소가 진행한 〈어린이의 생활과 배움에 관한 부모자녀 조사2017〉는 부카츠 지도교사의 부담감에 대한 데이터를 제공하고 있습니다. 먼저 중학교 부카츠 지도교사의 경우 부카츠 지도를 부담으로 느낀다는 응답이 약 65%로 나타났습니다. 고등학교 부카츠 지도교사의 경우는 오히려 낮은 약 53%였습니다. 다른 결과도 있습니다. 전술한 〈부카츠를 위해 할 수 있는 것〉이라는 조사에서는 73%의 교사들이 부카츠 지도에 부담을 느낀다고 대답했습니다.

2011년 사카이시(堺市)에서는 부임 2년차인 26세의 중학교 남교사가 출근도중 갑자기 쓰러져 사망하는 사건이 발생했습니다. 해당교사는 학급담임과 배구 부카츠의 코몬을 맡고 있었습니다. 특히 부카츠 지도를 위해 휴일에도 배구교실을 다니는 등 쉬는 날 없이 일을 했다고 알려져 혹사 논란이 크게 일었습니다. 조사결과 법정근로시간을 크게 웃도는 과로 상태가 누적되어 온 것으로 드러났습니다. 해당교사는 2013년 공무상재해로 인한 사망(과로사)으로 인정받게 되었습니다.

 ## 지도수당에 관한 논란

부카츠 지도에 따른 보상이 부족하다는 점도 오랫동안 논란이 되어 온 부분입니다. 일본의 교원들은 부카츠 지도를 '자원봉사'라고 부릅니다. 실상을 알아보면 틀린 말이 아닙니다. 일본 교원들의 평일 근무종료시간은 오후 4시 30분입니다. 하지만 부카츠는 그 때부터 시작되어 오후 6시에서 7시 사이에 끝납니다. 대회를 앞두고 있으면 더 늦게까지 훈련하는 경우가 많습니다. 문제는 평일 부카츠 지도는 잔업수당이 나오지 않는다는 점에 있습니다. 휴일에는 수당이 지급되지만 시급으로 환산하면 아르바이트 수준입니다. 2~4시간 미만 지도한 경우는 1천8백엔(약1만8천원), 4시간 이상 지도한 경우는 3천6백엔(약3만6천원)이 지급됩니다. 문제는 3천6백엔이 상한선이기 때문에 대회출전 등으로 하루 종일 지도를 해도 수당이 추가로 지급되지는 않는다는 점입니다. 그마저도 2018년 이전까지는 3천엔이 상한선이었습니다. 이와 관련해 〈부카츠문제대책프로젝트〉에 실려 있는 부카츠 지도교사 2명의 일기를 소개해 보겠습니다.

띵동, 띵동. 오후4시 30분. 학교 종이 울린다. 교사의 근무시간이 종료되었음을 알리는 종이다. 운동장과 체육관에서 준비체조를 하는 목소리가 들려온다. 교내에서는 브라스밴드의 소리가 들리기 시작한다. 부카츠 연습이 시작되는 것이다. 부카츠는 교사의 근무시간이 끝난 직후 시작한다.

기합을 넣은 캡틴의 목소리. 지도교사의 목소리. 흥겨운 브라스밴드의 합주. 이것이지. 방과 후의 익숙한 풍경. 잔업수당은 나오지 않는다. 이 방과 후의 익숙한 풍경들은 교사의 무급 서비스에 의해 지탱되고 있는 것이다. 띵동, 띵동. 시각은 오후 7시. 부카츠 종료의 종이 울린다. "안녕." "조심해서 가." 교사들은 교문에서 귀가하는 학생들을 배웅한다. 하교지도를 하지 않으면 지역 주민들에게 클레임 전화가 걸려온다. 학생들이 학교에서 안 보이게 되면 비로소 교사들의 업무시간이 된다.

내일의 수업준비와 담임업무. 보호자에게 전화 연락할 것 등등. 오늘도 지금부터 해야 할 일이 태산이다. 교사들은 학교의 형광등을 밤늦게 까지 밝히고 있다. 잔업수당이 나오지 않아도...

일요일 아침 6시. 겨울이라 아직 날은 어둡고 춥다. 입에서 나온 하얀 입김이 보인다. 부카츠 대회가 있는 날, 코몬인 나의 아침은 바쁘다. 오늘은 인근의 시(市)에서 대기업이 후원하는 중학교 테니스대회가 있다. 히터를 틀어 놓은 차를 운전해 고속도로에 진입한다. 요금은 편도 600엔. 7시쯤 대회장에 도착했다. 이미 다른 중학교 교사들이 와 있다. 오전 8시. 학생들을 태운 학부모들의 차가 속속 도착한다. 곧바로 학생들을 집합시키고 기합을 지르며 몸 풀기에 들어간다. 이 중학교에 부임한 첫 날, 교장으로부터 테니스부 코몬을 맡게 될 거라는 이야기를 들었다. 테니스 경험은 없었다. 그날부터 자비로 테니스 교본과 DVD를 사서 공부했다. 오후1시. 리그전이 끝났다. 한 학부모가 찔러 주는 커피 캔 하나가 고맙다. 오후4시. 토너먼트 3회전. 우리 학생들은 계속 살아남았다. 손난로를 붙여놓았는데도 발끝이 얼어 감각이 없다. 오후6시. 테니스코트의 조명이 모두 꺼지고 주변은 컴컴해 졌다. 학생들에게는 내일부터 다시 학교생활이니 잘 쉬라고 지시한다. 학부모 한 명 한 명에게 모두 인사한 후 드디어 헤어질 시간. 마지막 학생의 차가 돌아가는 것을 확인한 후에 비로소 내 차에 오른다. 오후8시. 다시 톨게이트를 통과한다. 요금은 또 600엔이

표시된다. 수학교사의 습관일까. 피곤한데도 숫자를 보니 뇌가 계산을 시작한다. 휴일 부카츠 지도수당은 3,000엔. 왕복 고속도로사용료와 가솔린 비용은 자비로 대략 2,000엔. 시급으로 환산하면 1,000엔÷11시간 = 91엔...... 그만두자! 아니야, 아니야. 돈 때문에 하는 게 아니잖아. 학생들을 위해서 하는 거잖아. 집에 가면 수업준비를 해야 하는 구나. 가정통신문도 만들어야지. 참, 테니스 노트도 봐야 한다. 내일은 월요일. 이 피로를 안은 채 새로운 한 주가 시작된다. 딸아이는 벌써 잠들 시간이구나.

부카츠 지도에 대한 일본 교원들의 고뇌가 잘 드러나 있는 글들입니다. 다만 이것은 어디까지나 일부 케이스를 소개하는 것일 뿐, 일본 교원 사회 전체를 반영하고 있는 것은 아닙니다. 일본의 교원들 중에는 부카츠의 교육적인 측면을 중요하게 여겨 수당과 관계없이 자발적으로 지도한다고 말하는 사람들도 많습니다. 수당만 본다면 부카츠는 말 그대로 자원봉사일 뿐입니다.

부담을 호소하는 학생들

 학생들 역시 모두가 부카츠를 좋아하는 것은 아닙니다. 훈련과 대회 출전에 많은 체력과 시간이 들어가기 때문에 부담스럽게 여기는 학생들도 많습니다. '강제입부'라는 병폐를 버리지 않고 있는 학교들도 있습니다. 문부과학성의 학습지도요령 상 부카츠는 자발적 참여를 전제해야 하는 활동입니다. 하지만 일부 학교들은 지침을 따르지 않고 학생과 학부모의 동의 없이 부카츠 가입을 당연시하고 있습니다. 예컨대 이와테현(岩手県)에 있는 중학교의 99.1%가 부카츠 가입을 강제하고 있는 것으로 나타났습니다. 강제성 때문에 어쩔 수 없이 가입한 후 활동에는 거의 참여하지 않는 '유령부원'의 문제도 있습니다. 우메츠 유키코라는 작가가 쓴 〈부카츠, 그만둬도 될까요?〉라는 책에는 부카츠 때문에 고민하는 학생들의 다양한 사례가 드러나 있습니다. 크게 보면 '인간관계'의 문제와 '활동자체'의 문제로 나눌 수 있습니다. 먼저 인간관계에 관한 고민사례로는 아래와 같은 내용이 나와 있습니다.

사례 1　같은 부카츠내의 동급생이 싫어서(혹은 무서워서) 부카츠를 그만두고 싶음

사례 2　상하관계가 너무 엄격하고 동급생 중에 너무 못하는 아이가 있어 부카츠가 싫어짐

사례 3	리더가 통솔력이 없어서 의욕이 생기지 않음
사례 4	부카츠 내에 동급생이 없어 즐겁지 않고 외톨이라는 느낌을 받음
사례 5	부카츠를 그만두면 부원들이나 주변 사람에게 미움을 받을 것 같은 생각이 듦
사례 6	선배들이 후배들보다 실력이 나빠 부카츠 분위기가 이상함
사례 7	잘 하는 친구들이 못 하는 친구들에 대한 잦은 불평으로 분위기가 나쁘고 다툼이 많음.
사례 8	선배들이 잡무를 많이 시키면서도 격려의 말을 하지 않음
사례 9	그만두고 싶어도 지도교사가 그만두지 못하게 함
사례 10	지도교사가 전문적인 지도를 해 줄 실력이 없어 의욕이 생기지 않음
사례 11	부원들에 대한 지도교사의 편애가 심함
사례 12	부모님이 같은 부카츠를 했던 언니와 실력을 비교하는 말을 해 스트레스를 받음
사례 13	부카츠를 그만두고 싶다고 했더니 부모가 화를 냄
사례 14	부카츠를 그만두고 싶지만 비싼 도구를 사 준 부모를 생각하면 그만둘 수가 없음
사례 15	부카츠를 그만두고 싶지만 부모가 연주회를 기대하고 있어 그만둘 수가 없음

다음으로 부카츠의 활동자체와 관련된 고민사례로 아래와 같은 내용이 나와 있습니다.

사례 1 학업에 집중하고 싶은데 부카츠에 시간을 빼앗기는 것 같아 불안함

사례 2 부카츠를 안 하거나 그만두면 학교생활기록에 불리한 내용이 적힐까봐 걱정이 됨

사례 3 부카츠에 많은 시간이 들어가는데 기왕이면 장래와 관련 있는 분야를 하고 싶음

사례 4 들어가고 싶은 부카츠가 없어 어쩔 수 없이 흥미 없는 부카츠를 하고 있음

사례 5 나름대로 노력하는데도 대충 하는 친구보다 실력이 떨어져 자괴감을 느낌

사례 6 전통에 대한 집착과 고집으로 부카츠가 쇠퇴하고 있는 것 같은 느낌이 듦

사례 7 내성적인 성격이라 시합에 나가고 싶지 않음

가만히 살펴보면 이 모든 문제의 핵심에는 '강제입부'가 있다고 볼 수 있습니다. 단, 강제입부는 문부과학성의 지침을 따르지 않는 일부 학교들의 행정적 문제라는 점도 기억해야 합니다. 부카츠 자체의 문제로 볼 수는 없습니다. 강제입부를 실시하는 학교의 비중도 지역별로 큰 차이가 나기 때문에 전국적인 문제라고 할 수도 없습니다. 도쿄대학교의 조사에 따르면 도쿄도(東京都)내에 있는 중학교 중 부카츠 가입을 의무화하고 있는 학교의 비율은 9%였습니다. 가고시마현(鹿児島県)의 중학교는 6%에 불과했습니다. 반면 시즈오카현(静岡県)의 중학교는 54%나 되어 강제입부 비율이 전국에서 두 번째로 높았습니다. 참고로 필자의 자녀가 다니고 있는 시즈오카의 시립중학교는 부카츠를 강제하지 않고 있습니다. 중간

에 탈퇴를 하거나 다른 부카츠로 옮기는 것도 자유로운 편입니다. 이렇게 지침대로 부카츠를 운영한다면 언급된 문제들의 상당수는 해결될 것으로 보입니다.

부카츠 강제에 반대하는 학생들

2020년 6월에 토치기현(栃木県)에 사는 한 중학생은 '부카츠 강제반대'라는 제목으로 인터넷상의 서명운동을 전개했습니다. 서명운동에는 한 달 만에 16,000명 이상이 동의를 표시했습니다. 서명 운동을 시작한 중학생의 호소를 그대로 옮겨 보겠습니다.

"부카츠를 자유롭게 선택할 수 있게 해 주세요. 하고 싶은 사람만 할 수 있는 생활이 되게 해 주세요. 선생님들에게 지도교사를 강요하는 일도 멈춰 주세요. 선생님들은 매일 아이들을 위해 밤늦게까지 지도하고 있어요. 선생님들과 아이들의 정신적, 육체적 부담을 경감시키기 위해 부카츠를 자율적 참가로 바꿔 주세요. 저는 올 여름 기온이 38도가 넘어 열사병 경계주의보가 발령된 상황에 역전경주(駅伝競走)**와 부카츠를 병행했

** 릴레이마라톤 종목으로 남고부는 42.195km를 7구간으로 나누고 여고부는 21.0975 km를 5구간으로 나눈다.

어요. 역전경주만으로 6km를 넘게 뛰고 부카츠에서 또 상당한 거리를 뛰어야 했어요. 쓰러져 죽을 것 같았어요. 여름방학 16일 중 부카츠 때문에 13일을 학교에 갔어요. 이건 정말 이상하지 않나요? 현재의 부카츠는 명백한 가이드라인 위반이에요. 그런데도 학교 측에서는 가이드라인을 멋대로 해석해 정당화시키고 있어요. 학교에서 이런 이야기를 하면 이상한 사람 취급을 받으니 할 수도 없어요. 지도교사에게 폭언을 듣고 그만두고 싶다는 학생들도 많아요. 과연 이대로 괜찮은 걸까요? 생각해 보세요. 가령 좋아하지도, 하고 싶지도 않은 부카츠에 들어갔다고 쳐요. 부카츠에 들어가는 시간은 길면 하루 3시간, 주말에는 하루 6시간이죠. 일주일에 거의 30시간이에요. 쉬는 시간 빼고 24시간이라고 치면 일주일 중 꼬박 3일(하루 일과를 8시간으로 계산)을 부카츠에 쓰는 셈이죠. 이렇게 계산하면 3년 동안 거의 1년이나 부카츠를 하는 거예요. 선생님들도 그렇게 긴 시간을 일하고 계신 거구요. 매일 학생들을 위해 잔업수당도 거의 못 받으시면서 말이에요. 선생님들도 가정과 사생활이 있으신데.. 더 이상 학생들과 선생님들에게 부카츠를 강제하지 말아 주세요."

부작용이 없을 수가 없다

이 학생이 작성한 서명운동 페이지에는 취지에 공감하는 수 백 개의 댓글이 달려 있었습니다. 그리고 그 중에는 자신의 경험담을 적어 놓은 것들도 많이 있었는데 일부를 발췌해 보았습니다.

"부카츠 강제는 학생들에 대한 학교의 갑질이다."

"현재의 부카츠는 인권침해적인 요소가 크다."

"부카츠 강제는 아동학대나 다름없다."

"정당, 종교, 직업을 선택할 자유가 있는 것처럼 부카츠도 선택할 자유, 그만둘 자유가 있어야 한다. 문부과학성은 아이들에게 사죄해야 한다."

"인권존중은 법률에서 정한 것인데 강제라니 말도 안 된다. 교사들이 그런 기본적인 것도 모른다면 자격정지가 마땅하다."

"초등학교부터 해 왔던 (외부)발레단 활동을 부카츠 때문에 그만뒀었다. 선생님께 상담해 봤지만 부카츠 가입을 강요받았을 뿐이었다. 원치도 않는 부카츠에 들어가 의욕이 없다는 질책만 받으며 지냈다. 성인이 된 지금까지도 화가 난다."

"오래 전 이 문제(부카츠 강제)로 고통을 받는데, 몇 십 년이 지난 지금도 변한 게 없다는 사실이 놀랍다. 시대에 뒤떨어진다. 분노를 느낀다."

"부카츠는 이미 학교가 감당할 수 있는 범주를 넘어섰다. 교원은 수업과 학교운영에 주력해야 한다. 초, 중학교체육연맹을 해체하고 부카츠를 하고 싶은 사람은 사회활동으로서 하면 된다. 교사들도 전공과 무관한 부카츠 지도 때문에 고통 받고 있다."

"중학교 때 지도교사로부터 폭언을 듣고 정신적으로 불안해져 결국 학교를 못 다니게 되었다. 부카츠 강제로 인해 배움의 기회를 잃은 나는 사람자체를 불신하게 되었고, 십 수 년이 지난 지금도 원망이 사라지지 않는다. 하고 싶은 사람만 하면 된다. 더 이상 강제하지 말라."

"30년 전이지만 부카츠에 강제로 들어갔다. 여름방학에도 하루 종일 연습하는 바람에 체중도 줄고 성장에도 지장이 생겼다. 지도교사는 집안 사정으로 아침연습에 참가하지 못하던 나에게 폭언을 내뱉고 노골적으로 따돌렸다. 가족이 있어 버텼지만 지금도 생각하면 화가 난다."

부카츠 강제에 의한 부작용은 꽤 오래 된 문제라는 사실을 알 수 있습니다. 부카츠는 일본 전체 중, 고등학생의 약 80%가 참여하는 활동입니다. 역사도 100년이 넘었습니다. 수 백 만 명이 참여하는 활동인 만큼 아무런 문제가 없을 수는 없습니다. 그러나 일부가 겪는 문제라고 하여 은폐할 수도 없는 일입니다. 일본의 교육계도 이러한 문제점들을 인지하고 개선을 위한 노력과 강력한 조치를 취하고 있는 점 또한 사실입니다. 2012년에는 일본전국을 떠들썩하게 만든 사건이 있었습니다. 오사카의 한 고등학교 농구부 주장이었던 남학생이 코몬 교사의 가혹한 폭행에 지속적으로 시달리다 유서를 남기고 자살을 하고 만 것입니다. 일본 교육계는 즉각 엄중한 대처에 나섰습니다. 사실 확인이 이루어지자마자 가해자를 곧바로 파면, 경찰에 고발하였고 농구 강호였던 해당 고등학교는 농구 특기생 선발제도를 운영하지 못하게 되었습니다.

 ## 간과할 수 없는 문제, 부모의 부담

부모의 부담 역시 간과할 수 없는 문제입니다. 대학 부카츠를 제외하면 모두 미성년자들이 참여하는 활동인 만큼 부모들은 갖가지 지원활동에 나서야 합니다. 특히 초등학생들의 체육활동은 부모가 뒷바라지해야 할 일이 매우 많습니다. 부카츠의 연습시합과 대회는 주말 아침 일찍부터 시작하기 때문에 일본의 학부모들은 주말에 늦잠 한 번 자기가 어렵습니다. 새벽부터 도시락 등 물품을 챙겨주어야 할 뿐 아니라 현장에 나가 봉사활동과 응원을 해야 할 때도 있습니다. 또한 많은 부카츠들이 사람과 물품의 이동을 학부모 차량봉사에 의존하고 있습니다. 원정 경기의 경우 가깝게는 수 킬로에서 멀게는 수십 킬로 떨어진 곳에서 열리기도 합니다. 촘촘한 대중교통망을 가진 대도시 외에는 학생들끼리 이동하기가 어렵기 때문에 부모들이 자발적으로 차량봉사에 나서야 합니다. 학부모들은 배차계획을 위해 차량정보와 가입한 보험정보까지 제출해야 하는 경우도 있습니다. 만에 하나 교통사고가 일어났을 때를 대비하기 위함입니다. 2, 3명의 청소년 자녀를 키우는 가정은 자녀별로 돌아가면서 배차당번에 걸리기 때문에 쉴 수 있는 주말이 거의 없습니다. 주말에 일을 해야 하는 가정, 종교생활을 해야 하는 가정, 어린 아기를 키우고 있는 가정에게는 학부모 봉사활동이 곤혹스럽지 않을 수 없습니다. 학부모들은 라인 등의 SNS를 통해 학부모 채팅방에도 적극적으로 참여해야 합니다. 학부모 채팅방에는 활동과 관련된 갖가지 전달사항이 올라오기 때문에 수시로 확인해야 합니다. 때로는 오프라인 학부모 회의를 할 때도 있습니다. 부카츠의 학부모 임원을 맡으면 부담은 더욱 커집니다. 각종 공지사항을 작성해 전달해야할 뿐 아니라 오프라인 모임에도 빠지기가 어렵습니다.

차량봉사 부담을 호소하는 학부모들

　2016년에 이시카와현(石川県)에서는 중학교 야구 부카츠 학생들을 태운 버스가 중앙선을 넘은 맞은 편 차량과 충돌해 남학생 2명이 사망하는 안타까운 사고가 있었습니다. 당시 버스를 운전하던 사람은 학부모였는데 무려 150킬로나 떨어진 다른 시(市)에서 열리는 대회에 참석하기 위해 차량봉사에 나섰던 것으로 알려졌습니다. 이 사고로 이시카와현에서는 학부모의 차량봉사를 금지시키고 학생들의 이동을 버스회사에 위탁하도록 각 학교에 통보하는 조치를 내렸습니다. 하지만 이것은 지자체의 결정일 뿐 전국적인 조치는 아니었습니다. 그래서 지금도 여전히 많은 학부모들이 부카츠 차량봉사에 나서고 있는 현실입니다. 조간 도쿄신문은 2019년 5월 19일자에 부카츠 차량봉사에 대한 고충을 호소하는 학부모들의 목소리를 실은 특집 기사를 냈습니다. 그 내용 중 몇 가지만 소개해 보도록 하겠습니다.

"중학교 2학년 아들을 둔 엄마예요. 주말마다 연습시합이 있어 학부모들끼리 당번제로 차량봉사를 하는데 부담이 커요. 아기가 있고 남편은 주말에 근무가 있어서 배차당번인 날은 아기를 부모님께 맡겨 놓고 운전하러 나가야 해요. 아침 6시에 집을 나서 40킬로 이상 떨어진 대회장까지 갔다 온 적도 있어요. 사고의 위험도 생각해야 되는데... 걱정입니다."

"부카츠에 열성적인 엄마들이 중심이 되어 일방적으로 배차당번표가 만들어지고 LINE으로 순번이 날아 왔어요. 지도교사에게 물어보니 자신은 관여하지 않는다고 하네요. 자전거로 갈 수 있는 거리인데도 비가 조금만 내리면 아이들 컨디션에 영향이 생긴다며 차로 데려다 주자는 엄마들이 있어요. 거절이라도 하면 우리 아이가 부카츠 내에서 불이익을 받을까봐 매번 수락할 수밖에 없어요. 학교가 나서서 부모들의 배차활동을 금지시켜 주면 좋겠어요."

"취주악부 활동을 하는 아이의 엄마예요. 외부 공연이나 콩쿠르 등에 나갈 때 항상 차로 데려다 주어야 해요. 1살짜리 아기가 있는데 남편은 주말에 일이 있고, 아기를 공연장에 데려갈 수가 없어서 부모님께 맡기고 있어요. 지방이라 지하철이 없어 매번 직접 운전할 수밖에 없어요. 사람들이 지방에서 대도시로 이사하는 이유를 알 것 같아요. 배차문제와 관련해서 학교가 부모들의 고충을 좀 생각해 주었으면 해요."

해당 기사에는 차량봉사에 대한 고충을 호소하는 부모들의 목소리뿐 아니라 차량봉사를 긍정적으로 생각하는 부모들의 목소리도 싣고 있습니다. 차량봉사를 긍정적으로 생각한다는 학부모들은 '다른 부모들과 안면을 틀 수 있는 기회가 되어서 좋다.'라든지 '아이의 활동을 직접 볼 수 있어서 좋다.'는 등의 의견을 냈습니다.

그럼에도 부카츠가 유지되는 이유

이처럼 일본사회에는 부카츠의 문제점을 지적하는 목소리도 많이 존재합니다. 지도교사와 학부모에게 있어서 부카츠는 사실상 자원봉사활동입니다. 일부 학생들에게는 싫지만 억지로 해야 하는 활동일 수도 있습니다. 하지만 운영방식을 개선하자는 목소리는 있어도 부카츠 자체를 폐지하자는 목소리는 거의 없는 상황입니다. '부카츠는 순기능적인 측면이 더 많은 활동'이라는 사회적인 인식이 견고하기 때문입니다. 이를 입증해 주는 자료로 앞서 소개한 〈어린이의 생활과 배움에 관한 부모자녀 조사 2017〉와 〈부카츠를 위해 할 수 있는 것〉의 두 조사를 다시 인용하겠습니다. 전자의 조사에서는 '부카츠가 즐겁다고 느끼는가?' 라는 질문에 중학생 49%가 '매우 그렇다'라고 대답했습니다. '그런 편이다'라고 대답한 인원도 36.3%나 됩니다. 반면 '그렇지 않다'라고 대답한 인원은 10.7%에 불과했습니다. 고등학생의 경우 39.4%가 '매우 그렇다'고 대답했으며 '그런 편이다'라고 대답한 인원은 46.6%나 되었습니다. 반면 '전혀 그렇지 않다'고 대답한 인원은 10.5%에 불과했습니다. 정리하자면 전체 중, 고등학생의 약 85%가 부카츠를 '즐겁다'고 생각하는 것으로 볼 수 있습니다. 후자의 조사에서도 '부카츠가 즐겁다'고 대답한 학생의 비율이 84.3%로 나타났습니다. 부카츠 지도교사들의 입장은 어떨까. 후자의 조사에 따르면 설문에 응한 중, 고등학교 부카츠 지도교사의 59.5%는 '부카츠 지도에 보람을 느낀다.'고 대답했습니다. 보람을 느끼지 않는다는 응답비율은 40.5%였습니다. 부카츠 지도에 보람을 느끼는 이유로는

- 첫째, 학생들의 전인격적 성장을 느낄 수 있기 때문
- 둘째, 학생들 스스로가 성취감을 느낄 수 있기 때문
- 셋째, 학생들이 노력의 중요성을 배울 수 있기 때문

이라는 응답이 나왔습니다. 아이러니한 점은 같은 조사에서 약 73%의 교사가 부카츠 지도에 '부담을 느낀다'고 대답했다는 점입니다. 이로 보아 일본의 교원들은 대체적으로 부카츠 지도에 대해 '부담은 되지만 보람을 느낀다.'고 생각하고 있음을 알 수 있습니다.

학부모들의 입장은 어떨까. 전자의 조사에서는 중학교 2학년 학부모를 대상으로 자녀의 부카츠에 대한 인식을 조사했습니다. 먼저 '자녀가 부카츠에 즐겁게 참여하고 있다고 생각하는지'의 여부에 관해서는 88.7%가 '그렇다'고 응답했습니다. 그렇게 생각하지 않는다는 응답은 11.1%에 불과했습니다. 또한 '부카츠가 자녀의 성장에 도움이 된다고 생각하는지'의 여부에 관해서는 무려 92.3%가 '그렇다'고 응답했습니다. 그렇게 생각하

지 않는다는 응답은 7.3%에 불과했습니다. 이상의 데이터를 정리하자면 다음과 같습니다.

일본 중, 고등학생들의 약 85%는 부카츠가 즐겁다고 생각한다.
일본 중학생 학부모의 약 92%는 부카츠가 자녀의 성장에 도움이된다고 생각한다.
일본 지도교사의 약 60%는 부카츠를 '보람 있는 활동'이라고 생각한다.

이처럼 부카츠는 여전히 학생들과 학부모들의 절대적인 지지를 받고 있습니다. 가장 큰 부담을 지고 있는 교원들 역시 보람 있는 교육활동으로 생각하는 경우가 근소하게나마 더 많습니다. 물론 강제입부 같은 부조리가 남아 있고 여러 문제점을 지적하는 목소리도 적지 않습니다. 하지만 상대적으로 훨씬 많은 사람들이 부카츠의 순기능을 인정하고 지지를 보내고 있는 것입니다.

 ## 부카츠의 순기능을 말하는 학생들

일본의 신문이나 인터넷에서는 부카츠 관련 기사를 어렵지 않게 찾아볼 수 있습니다. 부카츠 연구자인 나카자와 아츠시(中澤篤史) 와세다대

교수는 아사히신문에 투고된 부카츠 관련 기사를 수집하였는데 1986년부터 2015년까지 약 2,500여건을 찾을 수 있었다고 합니다. 그 중에는 부카츠를 둘러싼 논쟁을 다룬 것들도 많았지만, 학생들의 미담도 적지 않았다고 합니다. 그 중 몇 가지만 소개해보겠습니다.

"저는 중학교 때 야구부였습니다. 하지만 연습은 빼먹기 일쑤였고, 연습 시간에 친구들과 학교 밖에서 군것질을 하곤 했습니다. 물론 교칙위반이었습니다. 어느 날 연습에 빠지고 학교 밖으로 무단외출을 했다가 인근 고등학교 교사에게 들키고 말았습니다. 그 선생님은 고등학교 배구부 코몬이었습니다. 선생님은 저에게 중학교를 졸업하면 배구부에 들어오라고 하셨습니다. 고등학교 입학 후 저는 그 선생님이 계신 배구부에 들어갔습니다. 훈련은 생각보다 힘들었습니다. 그만두고 싶을 때도 있었지만 포기하지 않고 연습을 거듭해 나갔습니다. 그리고 치열한 경쟁을 이기고 주전멤버로 시합에 출전하게 되었습니다. 성실하지 않은 학생이었던 저는 배구부 활동을 통해 인생이 변화되었다고 생각합니다."

(17세 남고생, 오사카부, 2011년 7월 2일)

"저는 양궁부원입니다. 원하는 목표지점으로 화살을 쏘기 위해 매일 노력하고 있습니다. 그것은 인생과 같다고 생각합니다. 사람이 빛나기 위해서는 노력만큼 중요한 것이 없다고 생각합니다. 살다보면 어려운 일을 겪지만 그것을 넘어섰을 때는 한 단계 성장하게 됩니다. 저는 양 궁을 통해 계속해서 성장하는 내 자신을 발견하고 싶습니다."

(16세 여고생, 아이치현, 2007년 7월 29일)

"고등학교 졸업을 앞 둔 지금, 저는 많은 분들의 도움을 받아 여기까지 왔다는 사실을 깨달았습니다. 특히 부카츠를 통해 그것을 많이 느낄 수 있었습니다. 어렸을 때부터 부모님은 저에게 야구를 시켜주셨습니다. 필 요한 물품은 기꺼이 사 주셨고, 원정경기가 있을 때는 아침 일찍 일어나 도시락을 만들어 주셨습니다. 하지만 야구부 훈련은 힘들었습니다. 그 때 마다 제게 힘이 되어준 것은 다름 아닌 동료들이었습니다. 동료들의 도움 이 있었기에 저는 고등학교의 마지막까지 야구를 계속할 수 있었습니다. 저는 부모님과 동료들에게 받은 도움을 당연한 것으로 생각해서는 안 된 다는 것을 깨달았습니다. 그래서 진심으로 그 분들께 감사한 마음을 가지 고 있습니다."

(18세, 남고생, 기후현, 2011년 3월 5일)

"저는 고3 수험생입니다. 지난달 시합을 끝으로 너무나 사랑했던 탁구부를 은퇴**했습니다. 저는 중1때 탁구부에 들어갔습니다. 그리고 2학년 때부터 주장을 맡았습니다. 그리고 지금까지 5년이 넘는 시간동안 동료들과 기쁨과 슬픔을 함께 했습니다. 코몬 선생님과 후배들에게 사랑도 많이 받았습니다. 탁구부를 은퇴한 지금 제 마음은 너무 공허합니다. 부카츠는 제가 살아있다는 증거와 같은 존재였습니다. 입시를 준비하는 요즘, 밤이 되면 탁구부에 대한 추억으로 나도 모르게 눈물이 납니다."

(17세, 여고생, 가나가와현, 2001년 7월 12일)

 ## 부카츠가 변화하고 있다

부카츠의 제도적인 개선을 요구하는 목소리는 2010년대 후반부터 본격화되기 시작했습니다. 특히 대학교수들을 중심으로 2017년에 발족한 일본부카츠학회의 활동이 주목할 만합니다. 일본부카츠학회는 부카츠에 대한 학술적 연구와 함께 실천과제를 제시하는 것을 사명으로 내걸고 있

** 체육계열 부카츠에 소속되어 있는 일본의 중고등학생은 각각 고교입시와 대학입시 준비를 위해 3학년이 된 해의 6월에서 8월 사이에 부카츠를 그만두게 되는데 이 때 '은퇴'라는 단어를 사용한다. 체육계열의 부카츠는 일본의 중고체육연맹에 선수등록을 하고 활동하는 정식 운동부이기 때문이다.

습니다. 기존 부카츠를 개선해 나가겠다는 의지를 표명한 것입니다. 학회의 설립자이자 초대회장을 지낸 가쿠슈인대학의 나가누마 유타카(長沼豊) 교수는 부카츠 개선에 대한 목소리를 일본사회에 가장 활발하게 내고 있는 인물 중 한 명입니다. 그는 2016년을 부카츠 개혁원년으로 삼고 매년 연구회활동, 저서출간 등 다양한 루트로 부카츠 개혁 활동에 앞장서고 있습니다. 그는 기존의 부카츠가 교원과 학생에게 주고 있는 부담을 경감시키겠다는 목표와 함께 다음과 같은 '부카츠의 3원칙'을 제시하고 있습니다.

- ⦿ 첫째 부카츠 참여여부는 학생이 선택할 수 있게 한다.
- ⦿ 둘째 부카츠 지도여부는 교원이 선택할 수 있게 한다.
- ⦿ 셋째 부카츠의 코몬(지도교사)은 사전적 의미 그대로 '고문'일 뿐이며 기술적, 기능적 지도자이어야 할 필요는 없다.

그가 제시하는 부카츠 개혁안으로는 강제휴식일 지정, 외부지도자 확보, 지도교사 선택제도 도입, 강제입부금지, 법정근무시간 외의 활동을 외주화 할 것 등이 있습니다. 그가 제창중인 'NO부카츠데이'는 매월 10일, 20일, 30일을 부카츠 없는 날로 전국이 일제히 지정하자는 사회적 운동입니다. 또한 그는 일본시티즌십교육포럼과 공동으로 '부카츠 개혁맵'을 만들어 일본 교육계에 제시하고 있습니다. 부카츠 개혁맵이란 부카츠의 단점을 해소하고 장점은 촉진하기 위해 참여주체들이 각각 어떤 노력을 해야 하는지를 일람표 형식으로 만든 것입니다. 그는 또한 자신의 취지에 공감하는 교수들과 함께 보다 나은 부카츠의 존재방식에 대해 연구하는 모임을 매년 열고 있습니다. 그의 이러한 부카츠 개혁운동은 특히 교원사회를 중심으로 공감을 얻고 있는 분위기입니다. 실제로 그의 개선안들을 검토하고 부분적으로 도입하는 지역교육위원회들도 늘고 있는 상황입니다. 학교 교원을 대신할 외부 지도자 수 역시 증가추세에 있습니다. 2001년도에 15,000명대였던 외부 지도자의 수는 해마다 늘어 2015년에는 약 두 배인 30,000명대까지 늘어났습니다.

 ## 지역사회로의 이양은 성공할 것인가

부카츠를 개혁하려는 움직임은 특히 초등학교에서 활발한 편입니다. 예컨대 2019년 아이치현의 토요하시시(豊橋市)는 권역 내 초등학교들의 체육계열 부카츠를 2021년부터 단계적으로 폐지하고 운동부 활동을 전면 지역사회로 이양할 것을 선언했습니다(문화계열 부카츠는 보류). 토요하시시는 이러한 조치가 초등학생들의 스포츠 활동을 축소시키기 위한 것이 아니라 교원의 업무 부담을 경감시키기 위한 것임을 밝혔습니다. 현재 부카츠를 운영하지 않는 일본 초등학교들은 '스포츠소년단' 등의 공익단체에 운동부 활동을 위탁하는 절충안을 시행하고 있습니다. 기존의 일본 초등학교 부카츠는 전교생이 참여하는 활동으로 교원들의 부담이 큰 형태였습니다. 하지만 운동부 활동을 지역사회로 이양시켜 교원의 부담을 낮추고 희망하는 학생들만 참여하는 방식으로의 변화를 시도하고 있는 것입니다. 문부과학성도 최근 중요한 지침을 발표했습니다. 2023년부터는 휴일 부카츠 지도를 지역사회로 완전히 이양시켜 교사들에게 휴식을 부여하겠다는 내용이 그 골자입니다. 이런 흐름에 따라 부카츠를 평일에는 학교의 교육활동으로, 휴일에는 지역사회의 활동으로 인식하자는 분위기가 형성되고 있습니다.

하지만 지역사회로의 이양이 성공을 거둘지는 여전히 미지수입니다. 사실 일본에서 부카츠를 지역사회의 활동으로 이양시키려는 시도는 꾸준히 있어 왔습니다. 하지만 지금까지 그 시도는 실패를 거듭해 왔는데 나카자와 아츠시 교수는 그 원인을 3가지로 분석했습니다. 첫 번째로는 앞서 언급한 부카츠의 '관리자' 기능 때문입니다. 부카츠는 학교 안에서 이루어져야만 학생들을 효과적으로 관리할 수 있기 때문입니다. 둘째 보상제도 때문입니다. 부카츠는 학교교육의 일환이기 때문에 사고가 났을 경우 국가의 재해공제급부제도의 적용을 받습니다. 지역사회에서도 보상제도를 도입한 적이 있지만 보상금액의 차이를 극복하지 못해 실패한 사례가 있습니다. 셋째 기회의 평등 때문입니다. 부카츠는 학교교육의 일환이기 때문에 활동에 거의 돈이 들어가지 않습니다. 한 마디로 누구나 참여할 수 있는 활동입니다. 그러나 지역사회로 이양시켜 외부 코치를 고용해 운영할 경우 참여비용이 크게 높아질 수밖에 없습니다. 부카츠가 사교육화 되는 것입니다. 그렇게 되면 경제적 이유로 부카츠를 하고 싶어도 할 수 없는 학생들이 생기고 기회의 평등은 훼손되고 맙니다. 이러한 점들 때문에 부카츠의 지역사회 이양은 언제나 쉽지 않은 과제였던 것입니다.

힘겨운 현실을 잊게 해 주었던 축구부

필자의 교사 시절, 담임을 맡았던 학급에 성장배경이 매우 불우한 아이가 있었습니다. 심성은 착했지만 불안한 정서 탓에 학습에 많은 어려움을 겪던 아이였습니다. 어느 날 그 아이와 둘이서 등산을 갈 기회가 있었습니다. 등산길이었던 덕분인지 평소에는 나누기 어려운 속 깊은 대화를 나눌 수 있었습니다.

"지금까지 네 인생에서 가장 행복했던 기억은 뭐니?"

아이는 조금의 망설임도 없이 곧바로 대답했습니다.

"초등학교 때 축구부 했던 거요."

그 아이는 골키퍼였는데 자신의 활약이 대단했다며 축구부 시절의 이야기를 꺼내기 시작했습니다.

"학교 끝나고 친구들이랑 훈련하고 시합 나가는 생활이 짱 재미있었어요. 솔직히 축구부 생활을 할 때는 제가 불행하다는 것을 느끼지 못하고 살았죠."

"그랬었구나... 그럼 인생에서 가장 슬펐던 일은 뭘까?"

"6학년 때 축구부가 없어진 거요..."

그 아이는 '축구만 계속 할 수 있었다면 잘 살 수 있었을 것.'이라며 한숨을 내쉬었습니다. 그의 이야기에 필자도 안타까운 마음이 들었던 기억이 납니다. 그날 이후 그 아이를 볼 때마다 '우리 학교에 축구부가 있으면 얼마나 좋을까'하고 생각하게 되었습니다. 그 아이에게 있어서 축구부는 힘겨운 현실을 잠시나마 잊게 해 주는 존재였습니다. 그래서 무엇보다 소중한 존재였을 것입니다. 건장한 체격에 활발한 성격을 가진 그 아이가 자그마한 책상에 무기력하게 앉아있는 모습이 그 날 이후로 더욱 안쓰러워 보였습니다.

부카츠라는 존재 덕분에 일본에는 적어도 운동할 기회를 얻지 못해서 방황하는 학생들은 없습니다. 물론 모두가 운동을 좋아하지는 않습니다. 조용히 책 읽는 것을 좋아하는 학생도 있고 노래하고 춤추는 것을 좋아하는 학생도 있습니다. 하지만 우리의 학교에는 그 어떤 분야에도 소속될 기회를 얻지 못해 방황하는 학생들이 여전히 많지 않을까요.

 ## 우리는 저변확충이 먼저다

우리나라도 학교체육의 중요성을 인식하고 저변을 확충하기 위해 노력하고 있습니다. 일반 학생을 대상으로 한 학교스포츠클럽을 시행중인 점도 그런 노력의 일환일 것입니다. 다만 아직까지는 그 존재감이 그리 큰 것 같지 않습니다. 모든 학생들에게 참여할 기회가 생긴 것도 아닙니다. 가장 중요한 인프라 문제에 있어서는 아직 갈 길이 먼 느낌입니다. 우리는 오랫동안 엘리트체육 시스템에서 터져 나오는 부작용들에 관한 소식을 접해 왔습니다. 이제는 체육계에 특별한 관심이 없던 일반인들까지 문제의식을 가질 정도가 되었습니다. 일본과 미국처럼 운동선수도 학업을 병행해야 한다는 인식이 확산되고 있는 점도 그와 무관하지 않습니다. 체육계도 '공부하는 운동선수'라는 기치를 내걸고 학생선수들의 대회를 주말리그로 전환하는 등 많은 노력을 기울여 왔습니다. 하지만 운동부의 저변이 아직도 크게 부족한 상황에서 이러한 흐름은 어딘가 어색한 느낌을 지울 수 없습니다. 극소수에 불과한 운동선수들에게 공부까지 하라고 하는 것은 지나친 요구일지도 모릅니다. 왜냐하면 우리는 그들에게 운동선수로서의 실적도 동시에 요구할 것이기 때문입니다. 우리나라는 일본이나 미국과는 상황이 전혀 다릅니다. 3부에서 자세히 소개하겠지만 일본은 중학생 2명 중 1명, 고등학생 3명 중 1명이 운동선수입니다. 모든 중, 고등학교에 10개~30개 전후의 운동부가 있습니다. '공부하는 운동선수'라는 슬로건을 내걸기 위해서는 그 전에 일본이나 미국처럼 운동부의 저변부터 확충해야 합니다. 저변의 확충 없이는 과거의 엘리트체육 시스템을 옹호하는 목소리가 남아 있을 수밖에 없습니다. 변화의 흐름 속에 찬반양론이 있는 것은 자연스러운 일입니다. 우리는 아직 과도기에 있는 것입니다. 일본 역시 우리와는 반대의 흐름(학교체육을 축소하려는 움직임)에서 과도기에 있다고 할 수 있습니다. 우리는 동아리 활동 같은 비교과 활동을 본격적으로 운영할 수 있는 저변과 인프라가 아직 준비되지 못했습니다. 체육 분야뿐 아니라 다른 분야도 마찬가지입니다. 비교과 활동의 저변을 확장하고 활동을 좀 더 전문적인 성격의 것으로 만들어 학교 안에서 보다 다양한 교육적 기회를 제공할 필요가 있다는 것이 개인적인 생각입니다.

행복한 학창생활만큼 중요한 건 없다

하버드대 교육심리학과 교수와 보스턴 의과대학 신경학과 교수를 역임한 하워드 가드너는 그 유명한 '다중지능이론'을 통해 인간에게는 9가지의 지능이 있다고 하였습니다. 언어지능, 논리수학지능, 공간지능, 신체운동지능, 음악지능, 대인관계지능(인간친화지능), 개인내적지능, 자연관찰지능(자연친화지능), 실존지능이 그것입니다. 다중지능이론에 따르면 인간의 지능이란 아이큐 검사만으로 판단할 수 있는 단순한 것이 아님이 분명합니다. 그러나 오랫동안 우리의 학교 교육은 언어지능과 논리수학지능 두 가지만을 중요시 해 왔습니다. 어쩌면 그 두 가지 지능만을 점수화해 인간의 가치를 매기는 학력지상주의에서 여전히 탈피하지 못했는지도 모릅니다. 다른 지능을 가지고 있어도 공부를 잘 하지 못하는 아이들은 학교라는 울타리 안에서 도무지 마음 둘 곳을 찾기 어렵습니다. 3부에서 자세히 소개하겠지만 일본 학교의 부카츠는 신체운동지능을 살릴 수 있는 체육계열의 활동뿐 아니라 문화예술, 사회과학 등 매우 다양한 분야의 활동이 있습니다. 일본의 청소년들은 흥미와 적성에 맞는 부카츠를 선택해 공부 못지않은 열정을 쏟으며 학창생활을 보내고 있습니다. 오죽하면 '학창시절의 절반은 부카츠'라는 말이 있을 정도인데 필자의 경험 상 그 말은 조금도 과장이 아닙니다.

우리나라의 학교 동아리 활동 또는 방과 후 교육활동과 관련해 일본의 부카츠는 분명 참고할만한 점이 적지 않다고 생각합니다. 일본의 교육활동을 따라하자고 주장하려는 것은 전혀 아닙니다. 그럴 목적이면 블랙 부카츠의 문제는 언급도 하지 않았을 것입니다. 동아리 활동 또는 방과 후 활동을 연구하는 교육자라면 부카츠를 비롯한 외국의 활동들을 연구해 그들의 시행착오를 분석하는 일에 주안점을 두어야 할 것입니다. 그리고 우리나라만의 교육풍토와 실정을 고려해 실현 가능한 '한국형' 모델에 대해 모색해야 할 것입니다. 그런 노력을 멈추지 않는다면 분명 현재의 동아리, 방과 후 활동 보다 훨씬 나은 모델을 만들 수 있을 것입니다. 무엇보다 중요한 것은 우리의 청소년들이 학교 안에서 누구나 하고 싶은 걸 할 수 있는 기회를 얻는 일입니다(물론 도덕윤리적인 면에서 문제가 없는 활동이어야 합니다). 그리고 그로 인해 학창생활이 조금이라도 더 행복해지는 것입니다. 그것보다 더 시급하고 중요한 일은 없습니다. 19세기 아일랜드의 시인 오스카 와일드는 이렇게 말했습니다.

"세상에 살아가는 것은 매우 드문 일이다. 대부분의 사람들은 그냥 존재만 할 뿐이다."

지금까지 우리는 학교라는 공간에 숙명적으로 '존재'만 해 온 것은 아닌지 되돌아봐야 합니다. 다음 세대들이 학교에 그저 존재하는 게 아니라, 살아갈 수 있게 하는 것. 우리는 그 문제를 함께 고민해야 합니다. 일본 학교의 동아리 활동인 부카츠가 우리에게 던지는 화두도 바로 그것입니다.

2

부카츠를
체험하다

교토대 공대생의 이중생활

　일본에서 어학연수를 하던 시절 겪었던 일입니다. 아르바이트 동료 중에 교토대학교 공과대학에 다니는 학생이 있었습니다. 그와는 음악이라는 공통된 관심사가 있었기에 간혹 이야기를 주고받았습니다. 어느 날 그가 음악콘서트 티켓을 한 장 건네주면서 꼭 보러 와달라고 부탁을 해 왔습니다. 이유인즉 그가 콘서트에서 드럼을 연주한다는 것이었습니다. 처음에는 대학 축제행사인가 싶었습니다. 그런데 이야기를 들어 보니 그게 아니었습니다. 유료 입장권을 판매하는 일반 콘서트였던 것입니다.

　"너 교토대 학생 아니었어?"

의아해하는 필자의 질문에 그는 이렇게 대답했습니다.

　"교토대 학생인건 맞는데 드러머이기도 해."

　그는 초등학교 시절 방과 후 활동으로 드럼을 시작했다고 했습니다. 고등학교 때부터는 프로연주자가 되는 것을 목표로 '부카츠'에서 매일 두, 세 시간씩 연습을 했고 주말에는 연주회 활동을 다녔다고 했습니다. 부카츠에서 열심히 드럼을 치고 나면 공부가 더 잘 되더라는 이야기도 곁들였습니다. 그는 순수한 학업성적으로 교토대학에 들어갔습니다. 그리고 대학에 입학한 이후로도 낮에는 공부를, 저녁에는 드럼연습에 몰두하고 있다고 했습니다. 또한 주말에는 이곳저곳 연주활동을 다니며 돈을 벌고 있다는 이야기였습니다. 정리하자면 그는 명문대생인 동시에 뮤지션, 즉 '이도류'였던 셈이었습니다. 그리고 학업과 연주활동이라는 이중생활을 하고 있었던 것입니다. 특히 그의 이야기 속에 등장했던 '부카츠'라는 단어는 뇌리에 깊이 남아 있었습니다. 그의 이야기를 종합해 볼 때 명문대생과 뮤지션이라는 두 마리 토끼를 잡게 한 일등공신이 부카츠일지도 모른다는 생각이 들었기 때문입니다.

어학연수시절 일본에서 만났던 대학생들에게는 한 가지 공통점이 있었습니다. 부카츠 때문에 무척 바쁘다는 점이었습니다. 부카츠는 그들의 대화 속에 하루도 빠지지 않고 등장하는 주제였습니다. 도대체 부카츠가 무엇이기에 모두가 그토록 빠져 지내는 것일까. 적어도 우리가 생각하는 '학교 동아리' 그 이상의 존재임에는 틀림이 없는 듯 했습니다.

체육활동을 하지 않는 학교

필자의 큰 아이는 어렸을 때부터 무척 활발한 편이었습니다. 초등학교에 들어갈 무렵이 되자 스포츠 활동에 큰 관심을 드러내기 시작했습니다. 서울의 평범한 공립 초등학교에 입학한 이후 아이는 거의 매일 같이 축구를 하고 싶다며 졸라댔습니다. 하지만 학교에는 축구부가 없었습니다. 축구부는커녕 방과 후에 공을 차고 노는 아이들조차 없었습니다. 대부분의 반 친구들은 방과 후에 학원으로 직행했습니다. 학원에 다니지 않는 극소수의 아이들은 집에서 게임만 하는 친구들이었습니다. 운동장에서 놀고 싶어 하는 큰 아이와는 코드가 맞지 않았습니다. 방과 후 스포츠클럽은 일주일에 한, 두 시간에 불과해 아이의 욕구를 전혀 채워주지 못했습니다. 태권도 학원을 열심히 다니며 2품까지 땄지만 만족하지 못했습니다. 아이는 조금 더 본격적인 스포츠 활동을 원했습니다. 축구부가 있는 학교로 전학을 시켜야 하는지를 놓고 심각하게 고민했습니다. 하지만 엘리트 체육에 발을 들여놓기엔 걱정되는 점이 많았습니다. 체격조건이나 기존의 실력, 비용 등 진입장벽이 높았기 때문입니다. 무엇보다 이사를 감행해야하는 일이기 때문에 쉽게 결정을 내릴 수 없었습니다. 결국은 조금 더 지켜보기로 했습니다. 아직 어리니까 조금 불평하다 체념할 것이라고 생각한 것입니다. 하지만 예상과 달리 아이의 불만은 날이 갈수록 커져만

갔습니다.

"아니, 학교에 운동부가 없으면 체육수업이라도 제대로 해야 하는 것 아니야?"

학교에서 돌아 온 아이는 거의 매일 그렇게 화를 냈습니다. 학교의 체육수업이 너무 적고 그마저도 제대로 활동하지 않는다는 것이 이유였습니다. 학교의 체육활동이 부족한 탓에 욕구불만으로 지낼 수밖에 없는 아이가 안쓰러웠습니다. 하지만 딱히 도와줄 수 있는 방법이 없다는 사실이 더 안타까웠습니다. 한편으로는 초등학교 저학년의 적성이 저렇게 뚜렷할 수 있다는 사실이 신기하기도 했습니다. 욕구를 충족시키지 못한 아이는 안타깝게도 학교생활에서 많은 부적응을 경험했습니다. 그로 인해 가족들 역시 많은 고통을 겪어야 했습니다. 3학년이 끝나갈 무렵에는 새로운 환경을 찾지 않으면 안 되는 상황까지 내몰리게 되었습니다. 한 마디로 돌파구가 필요했습니다. 전학도 고려해 보았지만 운동부가 없는 학교는 의미가 없는 상황이었습니다. 무엇보다 아이 본인이 원하지 않았습니다. 그래도 엘리트체육을 시킨다는 것은 여전히 망설여졌습니다. 몇 달 동안 가족들, 지인들과 상의하며 고민에 고민을 거듭했습니다. 그리고 큰 결단을 내렸습니다. 학교체육의 천국이라는 일본에 가서 아이의 교육을 새롭게 시작해 보기로 한 것입니다. '부카츠'도 그 즈음 매일 생각하는 단어 중 하나였습니다.

 ## 축구의 왕국, 시즈오카로

가족들이 새롭게 터전을 마련한 곳은 도쿄에서 남서쪽 방향으로 약 170킬로 떨어진 시즈오카시(静岡市)의 한 작은 마을이었습니다. 큰 아이는 초등학교 4학년으로 편입하게 되었습니다. 아이를 편입시킨 후 가장 먼저 한 일은 학교에 운동부가 있는지 알아보는 일이었습니다. 그런데 운동부의 존재를 굳이 알아볼 필요가 없었습니다. 유니폼과 장비를 잘 갖추고 스포츠 활동에 열중하고 있는 초등학생들을 운동장에서 매일 볼 수 있었기 때문입니다. 종목도 야구, 축구, 농구, 배구, 테니스, 소프트볼, 가라테 등으로 다양했습니다. 초등학교의 운동장과 체육관은 운동부 코치들의 지도하는 목소리와 학생들의 기합 소리로 활기가 넘쳤습니다. 특히 피부가 까맣게 탄 여자 초등학생들이 땀을 흘리며 운동하는 모습은 감탄을 자아내게 했습니다. 날이 어두워지면 운동장과 체육관에는 야간조명이 환하게 켜졌습니다. 그리고 학생들의 스포츠 활동은 밤늦게까지 계속되고 있었습니다.

아이가 꿈에도 그리던 축구부는 운동부들 중에서도 가장 인기 있는 운동부였습니다. 초등학생들이 활동하는 축구부는 크게 학교 운동장에서 활동하는 팀과 외부 운동장에서 활동하는 팀으로 나누어져 있었습니다. 아이는 편의상 학교 운동장에서 활동하는 팀에 입단하기로 했습니다. 입단을 위한 진입장벽이랄 것은 없었습니다. 체격조건이나 경험 유무는 물론, 외국인이라는 신분과 일본어를 모른다는 사실조차 아무런 문제가 되지 않았습니다. 누구나 중간에라도 가입할 수 있는 개방적인 시스템이었습니다. 덕분에 아이는 일본어를 제대로 익히기도 전에 축구부 입단 신청서부터 제출할 수 있었습니다. 특히 시즈오카는 일본에서 '축구의 왕국'으로 불릴 만큼 축구 열기가 뜨거운 도시였습니다. 나중에 알게 된 사실이지만 시즈오카는 일본 축구의 발상지로 알려져 있었습니다. 유소년부터 프로까지 연령별 축구팀 활동이 모두 활발하고 강팀도 많은 지역이었습니다. 그래서 일본에는 '축구를 하려면 시즈오카로 가라'는 말이 있을 정도였습니다. 한국 선수들이 많이 활동했던 '시미즈S펄스'라는 프로축구단의 연고지도 바로 시즈오카였습니다. 집에서 걸어서 불과 5분 거리에 시미즈S펄스의 선수단 숙소가 있었습니다.

축구스포츠소년단

시즈오카에 와서야 알게 된 사실이지만 초등학교는 부카츠를 운영하는 곳과 운영하지 않는 곳이 있었습니다(중학교부터는 모든 학교가 운영하고 있습니다). 아이가 편입한 초등학교는 부카츠를 운영하지 않는 학교였습니다. 그 대신 '스포츠소년단'이라는 다른 운동부 활동이 있었습니다. 운동장에서 매일 볼 수 있었던 스포츠 활동이 스포츠소년단의 활동이었습니다. 스포츠소년단은 일본스포츠협회라는 공익재단에서 운영하는 전국적인 유소년 스포츠단체였습니다. 스포츠소년단은 초등학교의 운동장과 체육관을 거점으로 활동했기 때문에 사실상 초등학교 운동부의 성격을 가지고 있었습니다. 명칭에도 거점 초등학교의 이름이 들어가 있었습니다. 아이가 입단한 축구소년단의 명칭은 '○○초등학교 축구스포츠소년단'이었습니다(이후로는 '축구소년단'이라는 약칭을 사용). 스포츠소년단은 다양한 종목의 활동이 있었습니다. 축구부는 축구스포츠소년단, 야구부는 야구스포츠소년단이라고 불렀습니다. 스포츠소년단은 자격을 갖춘 코치들의 지도하에 정규적인 훈련을 진행하고 공식적인 대회에 참가하는 본격적인 운동부였습니다. 물론 중, 고등학교의 '부카츠'와 마찬가지로 수업을 마친 후에 하는 방과 후 활동이었습니다.

일본 초등학교는 스포츠소년단 같은 방과 후 체육활동 뿐 아니라 정규 수업으로서의 체육활동도 활발하게 하고 있었습니다. 기본적으로 체육수업을 다른 활동으로 대체하지 않고 충실하게 진행하고 있었습니다. 교내 체육시설을 계절별로 잘 활용하는 모습도 인상적이었습니다. 예컨대 여름에는 학교 수영장에서 주 3회 수영 수업을 했습니다. 봄과 가을에는 운동장에서 축구, 육상, 티볼, 발야구, 피구 같은 야외 스포츠를 했습니다. 특히 봄, 가을에는 학교 운동회까지 성대하게 개최했는데 학기 초부터 운동회 연습을 열심히 했습니다. 겨울에는 체육관에서 농구, 배드민턴, 탁구 같은 실내 스포츠를 했습니다. 또 매일 아침 교사와 학생들이 함께 운동장을 뛰는 프로그램도 있었습니다. 온화한 기후를 가진 시즈오카에서는 겨울에도 야외 체육활동이 무척 활발했습니다. 초등학교에 남자 선생님들이 많이 있다는 점도 체육활동과 관련해 인상적인 부분이었습니다.

▶ 운동장에서 축구연습에 열중인 일본 학생들의 모습

예상보다 타이트한 스케줄

축구소년단은 일주일에 4~5일 훈련과 시합이 있었습니다. 평일 정규 훈련은 주 3일, 오후 5시부터 7시까지였습니다. 정규훈련 시간에는 기초적인 체력훈련을 비롯해 여러 가지 기술 훈련과 전술 연습 등을 했습니다. 자체 청백전으로 풋살 경기도 자주 했습니다. 정규 훈련은 2시간 동안 휴식시간 없이 강도 높게 진행되었습니다. 훈련을 마친 단원들과 코치들은 항상 온 몸이 땀에 젖어 있었습니다. 중간에 비가 내려도 어지간한 양이면 맞으면서 끝까지 훈련했습니다. 학부모들에게는 훈련이 끝나는 시간에 자녀를 마중하러 나와야하는 의무가 있었습니다. 일부 학부모들은 훈련시간 내내 운동장에서 자녀의 훈련모습을 지켜보거나 응원을 하기도 했습니다.

토요일에는 훈련시간이 3시간으로 늘어났습니다. 그리고 한 달에 평균 2번씩 인근 초등학교와 연습시합을 했습니다. 연습시합이 있는 토요일은 오전에 3시간 연습을 한 뒤에 점심 도시락을 먹고 오후에 시합을 했습니다. 아침에 집을 나가 저녁에 돌아오는 빡빡한 스케줄이었습니다. 연습시합은 상대방의 학교에 한 차례씩 교대로 방문하는 '홈 앤 어웨이' 방식으로 진행했습니다. 인근 초등학교의 축구소년단과는 오랫동안 교류를 해 와서인지 단원들끼리 친밀한 관계를 맺고 있었습니다. 일주일 중 가장 바쁜 날은 대회가 집중되어 있는 일요일이었습니다. 일본은 학업과 운동을 병행하는 시스템이기 때문에 모든 대회를 주말에만 개최하고 있었습니다. 유소년 축구도 마찬가지였습니다. 특히 일요일에는 리그전를 비롯한 중요한 대회들이 많이 열렸습니다. 유소년 축구리그는 프로처럼 성적에 따라 승격과 강등이 이루어지는 시스템이었습니다. 대회의 종류와 수도 매우 많았습니다. 각 학교들이 주최하는 '초청대회'부터 각종 '컵 대회'까지 전부 파악이 어려울 정도였습니다. 초청대회는 주최하는 학교의 운동장에서, 리그전과 컵 대회 등은 외부의 그라운드에서 열렸습니다.

주말 스케줄에는 특히 학부모가 봉사해야 할 일이 많았습니다. 도시락 준비, 장비 운반, 단원들의 이동 지원(자동차 운전), 그라운드 정비, 응원, 뒷정리 등이 모두 학부모들의 몫이었습니다. 축구소년단의 주말 스케줄을 따라가는 것은 굉장히 버거운 일이었습니다. 또한 훈련과 대회에 참가하는 일 외에 학부모회의 같은 운동 외적인 행사도 많았습니다. 축구소년단의 스케줄은 입단 전에 예상했던 것보다 몇 배는 더 타이트했습니다! 진입장벽이 없고 입단절차가 간단하다고 활동까지 쉬운 것은 아니었던 것입니다. 다행히 초등학교 3학년 때까지 운동에 목말라 힘들어했던 아이는 축구소년단 활동이 몸에 딱 맞는 듯 했습니다. 축구소년단에 입단한 뒤로는 마치 물 만난 물고기처럼 활기차게 생활했습니다. 모든 훈련, 대회, 행사에 절대 빠지는 법이 없었습니다. 다리를 다친 날도, 감기에 걸린 날도 그라운드에서 뛰지는 못할지언정 벤치라도 지키며 친구들을 응원했습니다. 코치들과 일본인 학부모들은 유일한 외국용병(?)인 아이의 적극성을 자주 칭찬해 주었습니다.

학부모들의 열성적인 봉사활동

일본의 학생 스포츠 활동은 비영리적인 성격을 가지고 있었습니다. 스포츠소년단 역시 공익단체가 운영하는 운동부였습니다. 단원들이 매달 내는 회비는 '월 사례금'이라는 의미의 '겟샤(月謝, 월사)'라고 불렀습니다. '겟샤'는 고학년 기준 3천5백엔(약3만5천원)정도였습니다. 저학년은 불과 2천엔(약2만원)에 불과했습니다. 축구뿐 아니라 농구, 야구 등 다른 종목의 스포츠소년단도 비슷한 수준이었습니다. 운동부 활동에 들어가는 비용치고는 믿을 수 없을 만큼 저렴했습니다. 단 고학년들은 일정한 기간 동안 사례금 외에 '적립금'을 추가로 내기도 했습니다. 적립금은 사례금과 같은 금액이었기 때문에 그 기간 동안 고학년들은 한 달에 7천엔(약7만원)을 냈습니다. 적립금은 고학년들의 합숙훈련이나 회식 등 목돈이 들어가는 행사를 위해 모아두는 비용이었습니다. 그래서 특별한 행사를 해도 다른 비용은 일절 청구되지 않았습니다. 경제적인 부담은 거의 없는 거나 마찬가지였습니다. 그 대신 학부모들이 봉사활동에 많이 참여해야 하는 부담이 있었습니다. 비영리단체다보니 일손이 부족했기 때문입니다.

축구소년단 활동을 통틀어 가장 인상적이었던 것은 학부모들이 봉사활동에 대단히 열심히 참여한다는 점이었습니다. 초등학생들의 운동부 활동을 위한 봉사활동 치고는 너무나 열성적이어서 솔직히 이해가 안 될 정도였습니다. 축구소년단뿐 아니라 일본 학교의 운동부들은 기본적으로 공부와 병행하는 순수한 방과 후 활동입니다. 우리나라의 학교 운동부 같은 엘리트 시스템이 아닙니다. 다시 말해 전문선수를 목표로 운동에 몰입하는 개념이 아닙니다. 일본 학생들은 대개 중학교 때까지는 진학이나 진로와는 무관하게 순수한 동기로만 운동을 합니다. 축구소년단 아이들 역시 장래에 축구선수가 되겠다는 목표로 운동하는 아이들은 한 명도 없었습니다. 일본 학부모들의 열성적인 봉사활동이 그래서 더 인상적으로 느껴졌던 것입니다. 사실 시즈오카는 일본 내에서도 축구 열기가 뜨겁기로 소문난 곳이었습니다. 어쩌면 그래서 시즈오카 축구소년단 학부모들의 열정이 특별했던 것인지도 모릅니다. 하지만 스포츠소년단의 운영방침은 전국이 동일하기 때문에 다른 지역, 다른 종목의 학부모들도 봉사활동에 열심히 참여하는 것은 마찬가지였습니다. 특히 놀랐던 점은 생업으로 바쁜 아버지들까지 봉사활동에 매우 열심히 참여한다는 점이었습니다. 아버지들은 주말이면 꼭 훈련 장소나 대회 장소에 나와 여러 가지 봉사활동에 참여했습니다. 평일 저녁에도 훈련을 마친 자녀를 마중 나오는 아버지들이 많이 있었습니다. 그 중 상당수는 회사에서 곧바로 달려온 듯 정장에 구두 차림을 하고 있었습니다. 어머니들의 참여야 말할 필요가 없을 만큼 열성적이었습니다. 어머니들은 축구소년단 활동을 위해 소소한 뒷바라지부터 운전이나 무거운 장비를 나르는 일까지 허드렛일도 마다하지 않았습니다. 일본인 어머니들은 상냥한 말투와는 대조적으로 다들 씩씩했습니다.

코치부터 운전기사까지

학부모 봉사활동 중에는 아버지들만의 고유한 영역이 있었습니다. 첫 번째로는 '코치'였습니다. 축구소년단은 학년별로 팀을 운영하고 있었습니다. 그리고 훈련하는 요일과 훈련방식도 학년별로 달랐습니다. 그래서 코치진이 많이 필요했습니다. 축구소년단에는 1명의 감독과 1명의 전임 코치가 있었습니다. 말하자면 그들은 수석코치진 같은 위치였습니다. 그리고 아버지들 중 일부가 그들을 도와 학년별로 보조코치의 역할을 하고 있었습니다. 아버지 코치들은 보통 자신의 자녀가 속한 학년의 코치를 맡고 있었습니다. 아버지들의 고유한 영역 두 번째로는 '심판'이 있었습니다. 주말에 연습시합이나 각종 대회를 진행하려면 심판 인력이 많이 필요했습니다. 외부에서 오는 전문 심판도 있었지만 아버지들도 심판으로 참여하고 있었습니다. 아버지들이 코치나 심판으로 봉사하려면 일본축구협회에서 발급하는 라이선스가 필요했습니다. 일본 축구협회는 지역별 지부를 통해 일반인을 대상으로 한 코치와 심판 라이선스 과정을 운영하고 있었습니다. 라이선스는 전문성에 따라 1급부터 5급 이상으로 세분화되어 있었습니다. 그리고 한 번 취득한 라이선스를 유지하기 위해서는 정기적으로 보수교육을 받아야 했습니다. 축구소년단은 아버지들에게 코치와 심판 라이선스를 취득하도록 적극적으로 권장하고 있었습니다. 아버지들의 참여 없이는 운영자체가 불가능하기 때문이었습니다. 모두가 취득하지는 않았지만 일단 라이선스를 취득한 아버지들은 짧게는 1~2년, 길게는 6년 동안 코치나 심판으로 봉사를 하고 있었습니다. 코치나 심판 라이선스를 가지고 있는 아버지들은 정규 훈련시간은 물론이고 연습시합이나 대회에도 빠짐없이 참석하고 있었습니다.

코치와 심판 외에도 아버지들은 많은 역할을 감당하고 있었습니다. 축구소년단의 예산관리도 그 중 하나였습니다. 사례금만으로는 축구소년단을 운영할 수 없었기 때문에 다른 방법으로 부족한 예산을 채워야 했습니다. 그 중 한 가지가 지역 가게들로부터 협찬을 받는 일이었습니다. 학부모들은 축구소년단의 홍보책자를 만들어 지면에 가게 광고를 내 주고 소정의 협찬비용을 받고 있었습니다. 주로 학교 인근의 작은 음식점들이 대상이었습니다. 꾸준히 협찬을 해 주는 가게도 있었지만 일회성으로 끝나는 가게도 있었습니다. 협찬 가게의 수가 줄어 재정이 어려워지면 부모들은 새롭게 협찬해 줄 가게를 찾아야 했습니다. 홍보책자는 리그전이나 대회에 나갈 때마다 그곳에 모인 사람들에게 배부했습니다. 그리고 협찬해 준 가게에는 학부모들이 직접 찾아가 배부를 했습니다. 또한 아버지들은 각종 대회의 참가여부를 논의하고 주관단체와 접촉해 행정절차를 처리하는 일도 했습니다. 리그전 뿐 아니라 각종 대회들이 매우 많고 일정이 겹치기 때문에 전부 참여하는 것은 불가능했습니다. 그래서 먼저 학부모들 선에서 참가할 대회를 협의하고 감독에게 보고하는 방식을 취하고 있었습니다. 이러한 일들은 각 학년 보조코치를 맡고 있는 아버지들이 주도적인 역할을 하고 있었습니다.

아버지들은 연습시합이 있는 주말에는 아침 7시부터 봉사활동을 했습니다. 가장 먼저 학교 운동장을 축구장으로 바꾸는 작업을 진행했습니다. 운동장에 라인마커로 축구장 규격의 라인을 그리고 코너킥 폴대를 세우고 골대를 운반하는 일 등이었습니다. 그리고 각종 비품을 정해진 장소에

두고 학부모 응원석으로 사용할 천막도 세웠습니다. 또한 시합 중에는 코치로, 심판으로 뛰었습니다. 연습시합이 끝나면 운동장을 정비하고 모든 시설물들을 원상복귀 시켰습니다. 일요일에는 리그전과 대회가 원정으로 열리기 때문에 아버지들의 역할이 더욱 커졌습니다. 원정이 있는 날은 오전 7시에 모여 원정장소로 출발했습니다. 그래서 항상 오전 6시 경에는 일어나 준비를 해야 했습니다. 아버지들은 직접 차를 운전해 단원들의 이동을 책임졌습니다. 아이들끼리 대중교통을 이용하는 것은 사고위험 때문에 금지되어 있었습니다. 부모들의 차라고 해서 단원들이 아무렇게나 나눠 타는 것도 아니었습니다. 배석표를 만들어 전날 미리 공유하고 반드시 배석표대로 나누어 탔습니다. 원정 경기가 열리는 장소는 매번 달랐는데, 때로는 자동차로 40분 이상 걸리는 곳도 있었습니다. 원정 장소에 도착하면 아버지들은 단원들을 내려주기 무섭게 그라운드 준비 작업을 했습니다. 이어서 역할에 따른 유니폼으로 갈아입고 코치나 심판으로 뛰었습니다. 대회가 끝나면 그라운드 뒷정리까지 완벽하게 마친 뒤에 집에 돌아왔습니다. 일요일에 원정경기를 다녀오면 항상 컴컴한 시간이 되어 있었습니다.

▶ 라인 그리기! 연습시합 때 아버지들이 담당하는 봉사활동 중 하나이다.

 ## 열쇠당번부터 응원단까지

어머니들은 코치나 심판처럼 축구기술을 필요로 하는 봉사활동에서는 제외되어 있었습니다. 하지만 종류로 따지자면 아버지들보다 더 많은 일을 하고 있었습니다. 우선 평일 정규훈련 때는 '열쇠당번'이라는 활동이 있었습니다. 평일 정규훈련은 학교 운동장에서 진행하기 때문에 학교의 열쇠뭉치를 학부모가 관리해야 했습니다. '열쇠당번'은 어머니들이 한 주씩 로테이션으로 돌아가며 담당했습니다. 당번인 어머니들은 훈련이 시작되기 30분 전에 학교에 가서 정문을 열어 놓습니다. 그 후 창고에서 비품을 꺼내 지정된 장소에 가져다 놓고 훈련 중 사용할 화장실의 문을 열어 놓습니다. 그 후 운동장에 도착하는 단원들의 출석을 체크하고 감독이 도착하면 전달합니다. 훈련이 끝나면 모두 원상복귀를 해 놓은 뒤 사람들이 학교를 빠져나가길 기다렸다가 맨 마지막에 정문을 잠그고 나옵니다. 해가 일찍 지는 가을과 겨울에는 운동장의 조명을 켜고 훈련했는데 조명 관리 역시 '열쇠당번'의 업무였습니다. 또한 어머니들은 '음료당번'이라는 활동도 담당하고 있었습니다. 주말에 연습시합이나 대회가 있을 때 마실 것을 준비하는 일이었습니다. 음료를 놓아 둘 테이블과 의자를 운반하고 설치하는 일도 있었습니다. 주말 스케줄에는 항상 도시락과 간식이 필요했는데 그 준비 역시 어머니들의 몫이었습니다. 또한 응원단 역할도 빼놓을 수 없었습니다. 어머니들은 정규적인 연습시합이나 리그전 때 응원을 전담하다시피 하고 있었습니다(때때로 큰 대회가 열릴 때는 친구들과 지역주민들까지 응원을 하러 왔습니다). 어머니들은 그 밖에도 예산관리, 각종 서류와 홍보책자 만들기, 유니폼의 선정과 구매, 학부모회의 등 축구소년단 운영과 관련된 대부분의 일에 참여하고 있었습니다. 또한 원정이 있는 날 아버지가 부재중이면 직접 운전대를 잡는 일도 많았습니다.

학부모들은 지금까지 열거한 것 외에도 축구소년단을 위해 많은 봉사를 하고 있었습니다. 축구소년단 측에서는 필자에게도 심판 라이선스를 취득해 봉사활동에 참여해 줄 것을 강하게 요청해 왔습니다. 하지만 주말에 일이 있기도 했고 휴일을 반납하면서까지 봉사를 할 자신이 없어 끝내 수락하지 못했습니다. 그래서 코치나 심판으로 봉사하고 있는 다른 학부모들에게 항상 미안한 마음이 들었습니다. 대신 다른 봉사활동에는 되도록 빠지지 않고 참여하려고 노력했습니다. 다행히 일본 학부모들은 대부분 좋은 사람들이었고 많은 양해를 얻으며 지낼 수 있었습니다.

 ## 학부모 코치, 우메하라씨

아이의 학년을 전담 지도하는 학부모 코치는 동급생의 아버지인 '우메하라'씨였습니다. 우메하라씨는 축구소년단 훈련을 위해 일주일에 5일 이상 나와 지도를 해 주었습니다. 그는 학부모 코치들 중 리더 격으로 감독이 부재중일 때는 감독대행의 역할도 하는 사람이었습니다. 그는 평일 훈련 때는 2시간30분 정도, 주말에는 반나절에서 길게는 하루 종일 코치로서 봉사를 했습니다. 그는 대단히 열정적인 사람이었습니다. 비가 내리는 날은 비에 흠뻑 젖은 채로 뛰어다녔고 겨울에도 땀을 흘릴 정도로 열심히 지도를 했습니다. 우메하라씨를 3년 가까이 지켜보았지만 훈련시간에 단 한 번도 쉬는 모습을 보지 못할 정도였습니다. 우메하라씨는 코치뿐 아니라 심판 봉사도 병행했습니다. 대회에 나가면 코치로서 지도할 뿐만 아니라 다른 학교의 시합에서는 심판으로 뛰기도 했습니다. 우메하라씨는 축구소년단 운영과 관련된 행정 일도 많이 담당하고 있었습니다. 학부모 회의도 언제나 그가 주도했습니다. 우메하라씨는 안타깝게도 중간에 교통사고를 당해 한 학기 정도 코치 일을 쉰 적이 있었습니다. 하지만 건강을 회복하면서 다시 나오기 시작했고 마지막까지 최선을 다해 지도를 해 주었습니다.

입단 초기 필자는 우메하라씨를 직업적인 축구코치라고 믿고 있었습니다. 축구소년단에 쏟는 시간과 열정을 보면서 그렇게 믿을 수밖에 없었습니다. 하지만 그는 본업이 따로 있는 사람이었습니다. 그는 엔지니어였고 주중에는 회사에 다니고 있었습니다. 그 역시 '이도류'였던 것입니다. 우메하라씨의 아들은 1학년 때 축구를 시작한 아이였습니다. 우메하라씨는 아들과 시간을 함께 보내기 위해 학부모 코치를 자원한 것이었습니다. 그리고 코치 라이선스를 취득하고 거의 매일 운동장에 나와 코치로 봉사활동을 해 온 것입니다. 그 생활이 6년째라는 말을 듣고 놀라지 않을 수가 없었습니다. 학부모 코치는 보수를 받는 일도 아니었습니다. 보수 대신 '사례금'을 받기는 했지만 그 액수는 결혼식 축의금 정도에 불과했습니다. 우메하라씨가 코치로 봉사하는 시간은 한 주에 적어도 10시간, 많을 때는 15시간 이상이었습니다. 한 달이면 최소 40시간에서 많을 때는 60시간을 넘었습니다. 학부모 코치는 사례금을 보고 할 수 있는 일이 결코 아니었습니다. 사례금은 말 그대로 '감사표시'에 불과한 것이었습니다. 그렇다면 자녀의 진로나 장래를 위해 하는 일이었을까. 그것은 더더욱 아니었습니다. 우메하라씨의 아들은 축구보다 야구를 더 좋아하는 아이였습니다. 그래서 축구소년단보다 야구클럽에 더 열심히 나가고 있었습니다. 그리고 중학교 진학과 동시에 축구를 그만두었습니다. 우메하라씨가 축구소년단에서 봉사를 했던 것은 아들의 진로와도 관련이 없었던 것입니다.

'보수를 받는 것도 아니고 자녀의 진로와도 관련이 없는 일에 어떻게 저렇게 열정적으로 봉사할 수가 있는가?'

우메하라씨를 보며 항상 그런 생각이 들었습니다. 나중에 우메하라씨와 개인적으로 만나 대화할 기회가 있었습니다. 그에게 코치로 봉사활동을 해 온 동기가 무엇인지를 물어보았습니다. 그의 대답은 이러했습니다.

"처음에는 아들과 시간을 함께 보내려고 코치 봉사를 시작했어요. 그런데 봉사를 할수록 축구소년단 아이들의 성장이 눈에 보이기 시작했지요. 나중에는 스스로 보람을 느껴 6년 동안 계속할 수 있었습니다."

LINE

네이버가 운영하는 LINE(라인)은 일본에서 국민메신저의 역할을 하고 있었습니다. 축구소년단의 학부모들은 라인의 부모 채팅방에서 운영과 관련된 연락을 수시로 주고받았습니다. 일정과 관련해 다급한 사항이 전달되는 경우도 자주 있었기 때문에 수시로 라인을 확인해야 했습니다. 학부모 채팅방에는 거의 매일 많은 양의 메시지가 올라왔습니다. 적게는 하루 20, 30건에서 많게는 100건이 넘는 메시지가 올라오는 날도 있었습니다. 그 많은 메시지를 일일이 확인하는 것만으로도 힘이 들었습니다. 온라인 회의도 라인 채팅방에서 진행했습니다. 작은 결정사항도 라인에서 먼저 정보를 공유하고 부모들의 동의를 얻는 과정을 거쳤습니다. 예컨대 도시락을 업체에 주문할 때는 담당자가 메뉴별 사진과 가격을 채팅방에 공유한 뒤 각 가정의 희망에 따라 개별적으로 주문을 받았습니다.

새벽부터 라인에서 눈을 뗄 수 없을 때도 있었습니다. 대회가 잡혀 있는 주말에 비가 내리는 경우가 그랬습니다. 그런 날은 오전 6시 전부터 라인을 계속 확인해야 했습니다. 대회 주관단체에서 당일 새벽에야 라인으로 진행여부를 통보해 주었기 때문입니다. 일기예보에 따라 진행여부를 전날 미리 통보해 주면 그렇게 새벽에 대기하고 있을 필요가 없었습니다. 미리 정하지 않는 이유는 당일 새벽까지 실제 비의 양과 그라운드 상태를 체크해 웬만하면 대회를 진행하기 위함이었습니다. 가끔씩은 온라인에서 결정할 수 없는 사안들이 있었습니다. 그럴 때는 라인에서 장소와 시간을 정하고 오프라인 모임을 가졌습니다. 평일 오후 6시에 오프라인 학부모 회의에 나간 적이 있었습니다. 회사원들이 참석하기에는 이르다고 생각해 아버지들은 거의 안 나올 것으로 예상을 하고 갔었습니다. 그런데 놀랍게도 아버지들 전원이 나와 있었습니다. 깜짝 놀란 필자가 "다들 퇴근이 원래 이렇게 빠르시냐?"고 묻자 한 아버지가 웃으며 대답했습니다.

"오늘은 다들 회사를 조퇴하고 온 거예요."

그 날 학부모회의는 중요한 결정사항이 많아 밤 9시가 넘어서야 끝이 났습니다. 다음날은 정상적으로 출근해야 하는 평일이었습니다. 축구소년단 운영을 위해 회사까지 조퇴하고 모이는 일본 학부모들의 열정이 그저 신기할 뿐이었습니다. 그러한 수고는 자녀의 스포츠 활동을 지원하기 위한 노력이기도 했습니다.

공휴일도 방학도 망년회도 함께

축구소년단을 시작한지 얼마 되지 않았을 때의 일입니다. 운동장에서 아이들의 훈련을 지켜보다가 옆에 서 있던 학부모에게 말을 건넸습니다. 당시 주장을 맡고 있던 동급생의 아버지였습니다.

"아버님은 주말이나 연휴에 무얼 하세요? 여행 좋아하시나요?"

그 학부모는 조금 당황스러운 표정을 짓더니 곧 이렇게 대답했습니다.

"1학년 때 아이가 축구를 시작한 이후로 지금까지 여행을 가본 적이 없습니다. 1년 내내 축구 뒷바라지뿐이에요. 다른 아버지들도 마찬가지죠."

입단 초기였기 때문에 필자는 축구소년단의 스케줄을 잘 파악하지 못한 상태였습니다. 그래서 당시에는 그의 말이 과장이라고 생각했습니다. 하지만 시간이 지나면서 그의 말이 사실임을 알게 되었습니다. 축구소년단은 주말은 물론이고 공휴일에도 훈련이나 대회 스케줄이 잡혀 있었습니다. 심지어 대표적인 명절인 '오쇼가츠'(お正月, 1월1일)에도 아침 8시부터 행사가 있었습니다. '첫 번째 공차기'라는 의미를 가진 '하츠케리(初蹴り)'라는 행사였습니다. '하츠케리'에는 아이들과 학부모들은 물론 감독, 코치, 운영진까지 축구소년단 관계자 전원이 참석했습니다. 아이들의 공차기 행사가 끝나면 부모들의 친선 축구시합까지 이어졌습니다. 행사를 마친 후에는 뒤풀이도 빼먹지 않았습니다. 축구소년단의 행사는 분명 친지를 방문하는 일보다 더 우선순위였습니다. 새해 첫날 아침부터 행사가 있을 정도이니 다른 공휴일은 말할 필요도 없었습니다. 일본에서 가장 긴 연휴인 5월의 골든위크 주간에도 내내 훈련과 대회 스케줄이 잡혀 있었습니다. 다른 공휴일도 마찬가지였습니다. 방학 중에도 훈련, 대회, 행사가 이어졌고 연말에는 망년회도 함께 했습니다. 축구소년단의 구성원들은 가족단위로 1년 내내 함께 시간을 보냈습니다.

개인적으로 입단 초기에는 주말과 공휴일에 축구소년단의 활동이 있다는 사실이 꽤 부담스러웠습니다. 하지만 시간이 지나면서 좋은 점도 많다는 것을 알게 되었습니다. 우선 아이가 심심해 할 일이 없었습니다. 쉬는 날 축구를 할 수 있다는 사실에 만족해했고

▶ 축구소년단의 12월 스케줄. 겨울임에도 훈련 일정이 타이트하다.

부모에게 다른 걸 요구하지 않았습니다. 부모 입장에서도 휴일에 아이들과 무엇을 하며 시간을 보낼지 고민할 필요가 없어서 편한 것도 있었습니다. 학부모 봉사활동 역시 의무는 아니었습니다. 참석이 어려울 때는 학부모 채팅방에 미리 불참의사를 알리기만 하면 그만이었습니다. 문제는 다른 학부모들이 너무 성실하게 참여한다는 점이었습니다. 봉사활동에 빠지는 것은 꽤 눈치가 보이는 일이었습니다.

 ## 선수등록과 첫 번째 합숙훈련

축구소년단에 입단한지 2,3개월 정도 지났을 때 운영진의 한 명으로부터 아이가 일본축구협회에 유소년선수로 등록될 거라는 이야기를 들었습니다. 스포츠소년단에 입단해 일정한 시간이 지나면 협회나 연맹에 선수등록을 하게 되어 있었습니다. 축구 뿐 아니라 다른 종목의 스포츠소년단도 마찬가지였습니다. 축구소년단 활동이 워낙 체계적이고 본격적이었기 때문에 선수로 등록된다는 사실이 조금도 어색하지 않았습니다. 일본의 학생 스포츠 활동은 방과 후 활동이지만 선수 등록 제도를 통해 동기부여를 확실하게 하고 있었습니다. 또한 스포츠 활동과 관련된 홈페이지를 잘 운영하고 있는 점도 인상적이었습니다. 시즈오카의 경우 유소년 축구리그만 해도 여러 개가 있었는데 각 리그마다 홈페이지를 운영하고 있었습니다. 홈페이지는 각각의 디비전에 소속된 학교현황과 경기결과 등의 정보를 실시간으로 제공하고 있었습니다. 학생들은 리그 홈페이지를 보면서 경쟁심을 가지고 운동할 수 있었습니다.

축구소년단은 한국의 엘리트 운동부처럼 숙소생활이나 합숙훈련을 하지는 않았습니다. 그것은 중, 고등학교 운동부인 부카츠도 마찬가지였습니다. 대신 방학을 이용해 단 기간의 합숙훈련을 하는 경우는 있었습니다. 축구소년단도 1년에 한두 차례 합숙훈련이 있었습니다. 단 의무적으로 참가해야 하는 것은 아니었습니다. 경비 역시 적립금으로 전액 충당하게 되어 있어서 따로 청구되는 것은 없었습니다. 5학년 여름방학 때 아이는 첫 번째 합숙훈련을 맞이했습니다. 하지만 필자는 아이를 보내고 싶지 않았습니다. 아이 혼자 외국인이라는 사실이 마음에 걸렸기 때문입니다. 단기간이라고는 해도 단원들 사이에 혹시 다툼이 생기지 않을까 걱정이 되었습니다. 하지만 아이는 무슨 일이 있어도 가겠다며 완강하게 나왔습니다. 그나마 다행스럽게 여긴 점은 학부모의 동행이 허락되어 있다는 점이었습니다. 몇몇 일본인 학부모들은 직장에 휴가까지 내고 동행하겠다는 의사를 나타냈습니다. 다른 학부모들이 함께 있어 준다면 안심할 수 있을 것 같아 결국 아이도 참여시키기로 했습니다. 학부모들은 곧바로 세부사항을 조율하며 사전준비를 철저히 해 나갔습니다. 얼마 후에는 상세한 일정과 행동세칙들이 담긴 매뉴얼이 나왔습니다. 합숙훈련의 일정에는 축구훈련 뿐 아니라 바비큐 파티와 레크리에이션 같은 친목행사도 포함되어 있었습니다. 전세버스를 빌려 단체로 이동하는 점 또한 불안했던 마음을 달래준 요소였습니다. 아이는 코치진과 학부모들의 지도와 보호 속에 첫 합숙훈련을 무사히 마치고 돌아올 수 있었습니다.

▶ 축구소년단 아이들이 '파이팅' 하는 모습. 어느 초등학교에서나 1년 내내 볼 수 있는 모습이다.

지역사회를 위해 사용되는 운동장

초등학교 운동장은 축구소년단의 거점이기도 했지만 지역 사회의 스포츠클럽들도 많이 사용하고 있었습니다. 물론 초등학교 수업에 지장을 주지 않는 시간에만 사용했습니다. 초등학교의 교육활동은 오후 5시에 끝이 났습니다. 그리고 축구소년단이 오후 5시부터 7시까지 운동장을 사용했습니다. 곧바로 중학교 여자 소프트볼 부카츠가 와서 밤 9시까지 운동장을 사용했습니다. 그 밖에도 사회인 야구나 축구 클럽들도 초등학교 운동장을 사용하고 있었습니다. 운동장에 설치된 야간조명은 거의 매일 환하게 켜져 있었습니다. 운동장을 공유하는 스포츠클럽들은 스케줄이 철저하게 조율되어 있어서 활동이 겹치는 일은 없었습니다. 초등학교 운동장은 비가 많이 오는 날을 제외하고 1년 내내 스포츠 활동을 위해 밤늦게까지 사용되고 있었습니다.

축구소년단과 지역 스포츠클럽들은 학교의 운동장과 체육관을 빌려서 사용하는 대신 관리를 철저하게 했습니다. 축구소년단은 돌과 유리조각 같은 이물질을 운동장에서 제거하는 작업을 주기적으로 진행했습니다. 연습시합이나 대회를 개최하고 난 이후에는 장비를 동원해 운동장의 흙을 깨끗이 정돈해 놓았습니다. 비 때문에 물이 고인 곳이 있으면 고인 물을 퍼내고 다른 곳의 흙을 가져와 잘 메워 두었습니다. 비품창고, 화장실,

야간조명 등 학교 시설물은 상세한 매뉴얼에 따라 철저하게 관리했습니다. 실내 체육관을 사용한 경우는 반드시 일지를 기록하게 되어 있었습니다. 체육관에 출입한 단체와 회원들의 이름, 인원수, 전기를 사용한 시간 등을 꼼꼼하게 기록했습니다. 또한 그런 역할은 대부분 학부모들의 몫이었습니다. 학부모들은 훈련이 있는 날마다 로테이션으로 나와서 비품과 시설물을 관리하고 사용일지를 기록했습니다. 축구소년단에서는 초등학교 내, 외부를 돌며 쓰레기를 줍는 봉사활동도 주기적으로 진행했습니다. 그 모든 활동은 운동장을 빌려주는 학교에 대한 감사의 표시였습니다.

▶ 야간조명을 켠 채 축구연습을 하는 학생들

열혈 학부모, 미조구치씨

축구소년단의 학부모들은 모두 자기 역할에 충실했습니다. 그 중에서도 미조구치씨는 우메하라씨 못지않게 헌신적인 학부모 중 한 명이었습니다. 미조구치씨는 코치는 아니었지만 축구소년단 운영과 관련해 거의 모든 일에 참여하고 있었습니다. 그는 솔선수범이라는 말이 딱 어울리는 사람이었습니다. 주말에 연습시합이 있을 때 아버지들은 아침 7시부터 봉사활동을 시작했는데 미조구치씨는 항상 제일 먼저 나와 봉사를 시작했습니다. 물론 한 번도 결석하는 일이 없었습니다. 미조구치씨는 우메하라씨와 함께 참가할 대회를 조율하고 대회 주관단체와 연락하는 일도 하고 있었습니다. 또 축구소년단 활동과 관련된 여러 가지 문서를 작성해 학부모들의 e메일로 보내 주는 일도 했습니다. 한 달에 한두 번 씩 미조구치씨에게 메일이 왔는데 그가 보내주는 문서는 언제나 공문서처럼 잘 정돈되어 있었습니다. 만드는 것만으로도 꽤 시간이 걸릴 것 같았습니다.

'정말 본업에 지장이 없는 걸까?'

우메하라씨와 마찬가지로 미조구치씨를 볼 때도 항상 그런 생각이 들었습니다. 당연히 미조구치씨도 본업은 따로 있었습니다. 그런데 어떻게 그렇게 많은 시간을 봉사할 수 있는지 의아했습니다. 설사 부모의 봉사활동으로 자녀의 진로가 결정되는 상황이라고 한들 '저렇게까지 봉사할 수 있을까?'하는 생각이 들 정도였습니다. 하지만 미조구치씨 역시 아들의 진로나 장래를 위해 봉사를 하는 것은 아니었습니다. 미조구치씨의 아들은 얌전한 성격의 모범생이었습니다. 축구소년단 활동은 열심히 했지만 전문선수를 지망하는 아이는 아니었습니다. 미조구치씨 역시 순수한 동기로 봉사를 하는 것이었습니다. 더욱이 그에게는 위로 아들이 두 명이나 더 있었습니다. 위의 두 아들 역시 초등학교 때부터 중학교, 고등학교까지 줄곧 축구를 하고 있었습니다. 물론 전문선수를 목표로 하고 있지는 않았습니다. 아들 세 명에게 축구를 시키면서 미조구치씨가 얼마나 많은 시간을 봉사했을지 짐작조차 되지 않았습니다. 비영리단체인 축구소년단이 본격적인 운동부로 활동할 수 있는 것은 미조구치씨 같은 학부모들이 있기에 가능한 일이었습니다.

 ## 다들 축구 좀 하신 분들이시지요?

학부모들은 사실상 축구소년단 운영의 전반을 책임지고 있었습니다. 학부모들은 길게는 6년 동안 봉사활동을 하고 있었습니다. 특히 가정의 생계를 책임져야 하는 아버지들이 주말과 공휴일까지 반납해 가며 봉사활동에 참여하는 모습은 정말 이해하기가 어려웠습니다. 자녀의 장래와 직접 관련이 없는 일에 그렇게까지 봉사하는 동기가 도대체 무엇인지 궁금했습니다. 여러 추측을 해 본 끝에 나름대로 다음과 같은 결론을 냈습니다.

'아버지들도 학창시절에 축구를 했던 사람들일 것이다. 아니면 축구를 매우 좋아하는 사람들일 것이다.'

그런 이유 말고는 아버지들의 열심을 이해할 수 있는 방법이 없었습니다. 본인들이 좋아하는 분야이기 때문에 적극적으로 봉사활동을 하는 것이라고 생각한 것입니다. 우메하라씨의 말처럼 보람만으로 감당할 수 있는 수준은 아무래도 아닌 것 같았습니다. 하지만 직접 확인을 해 보기 전까지는 진짜 동기가 무엇인지 알 수 없는 노릇이었습니다. 그래서 어느 날 아버지들이 모여 있는 자리에서 용기를 내어 질문을 던졌습니다.

"아버님들도 학창 시절에 다들 축구 좀 하신 분들이시지요? 그래서 이렇게 열심히 하시는 거지요?"

갑작스런 질문에 일본인 아버지들은 대답 대신 서로의 얼굴을 보며 웃음을 터트렸습니다. 긍정을 대신하는 웃음 같았습니다. 하지만 '그렇지 않다'며 부인하는 아버지들도 있었습니다. 나중에 개인적으로 우메하라씨로부터 정확한 대답을 들을 수 있었습니다.

"부모들이 봉사활동을 열심히 하는 이유는 우리 역시 학창시절에 부모의 지원으로 운동을 했던 경험을 가지고 있기 때문이에요. 부모에게 받았던 것을 자녀에게 그대로 주고 있는 셈이지요. 물론 축구가 아닌 다른 운동을 했던 아버지들도 있어요."

그제서야 일본인 학부모들이 그토록 봉사활동을 열심히 하는 이유를 이해할 수 있었습니다. 우메하라씨 역시 학창시절 내내 부모님의 뒷바라지를 받으며 야구, 배구, 축구, 탁구 등의 스포츠 활동을 할 수 있었다고 하였습니다.

 **버티기**

부모들이 아무리 열심히 지원한다고 해도 축구소년단 활동에 어려움이 없는 것은 아니었습니다. 아이가 5학년일 때 축구소년단에서는 2명의 단원이 탈퇴를 하였습니다. 6학년이 되자 일부 단원들은 활동에 지친 기색이 역력해 보였습니다. 고학년이 될수록 숙제도 많아지고 중학교를 대

비해 학원에도 가야 하는 등 여러 가지 이유가 있었습니다. 축구 자체에 싫증이 난 아이도 있었습니다. 입단은 쉽지만 꾸준하게 운동을 하는 것은 결코 쉬운 일이 아니었습니다. 특히 1학년 때 입단한 경우 졸업할 때까지 축구를 계속한다는 것은 아이에게나 부모에게나 상당한 인내가 필요한 일이었습니다. 아이가 4학년일 때 입단을 시켰던 필자도 타이트한 스케줄 때문에 중간에 여러 번 그만두고 싶다는 생각을 했습니다. 무엇보다 다른 일본 학부모들과 똑같이 봉사하지 못한다는 죄책감이 가장 큰 문제였습니다. 유쾌하지 않은 사건도 있었습니다. 6학년 2학기 때 한 학부모가 필자의 가족에 대해 불만을 제기한 것입니다. 자신들만큼 봉사활동을 헌신적으로 하지 않는다는 게 이유였습니다. 아픈 부분을 찔린 것 같아 괴로웠습니다.

"축구부 때려치우자! 아빠가 힘들고 눈치 보여서 더는 못시키겠다!"

어른들 사이의 문제로 누구보다 열심히 활동하고 있던 아이에게 상처를 주고 말았습니다. 하지만 졸업까지 불과 몇 달을 남긴 상황에서 그만두는 것은 억울한 일이 아닐 수 없었습니다. 무엇보다 그동안 아이가 해온 노력을 물거품으로 만들고 싶지 않았습니다. 마음을 다잡고 버티기로 했습니다. 그 학부모에게는 '남은 기간 동안 더 열심히 참여하겠다.'고 양해를 구했습니다. 그 학부모가 갑자기 불만을 제기한 사정은 정확히 알수 없었습니다. 분명한 것은 그 학부모에게도 봉사활동이 쉬운 일은 아니었을 것이라는 점입니다. 다른 학부모들도 졸업이 가까워올수록 다소 지친 기색을 보였습니다. 생업이 바빠져 갑자기 봉사활동에 나오지 못하게된 학부모도 있었습니다. 하지만 다들 어떻게든 버텨내려고 노력했습니다. 주말에 아버지들이 나오지 못하면 어머니들이 대신 차를 운전해서라도 아이들을 시합에 데리고 다녔습니다. 아이들이 축구를 그만두고 싶어하는 경우도 있었습니다. 그래도 학부모들은 되도록 끝까지 하는 방향으로 아이들을 설득했습니다. 거기에는 이유가 있었습니다. 힘들다고 쉽게그만두는 아이가 많아지면 인원 부족으로 축구소년단 운영이 어려워지기때문이었습니다. 그러면 축구를 계속하고 싶어 하는 다른 친구들에게 피해가 갈 수 있었습니다. 그래서 한 번 축구소년단에 들어오면 고생을 각오하고 웬만하면 끝까지 버티려 하는 것이었습니다. 오랫동안 동고동락해 온 다른 학부모들과의 의리를 지키기 위해서라도 그렇게 해야만 했습니다.

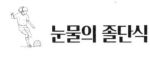 # 눈물의 졸단식

축구소년단의 활동은 6학년 졸업과 함께 끝나는 것이었습니다. 그것을 졸단(卒團)이라고 불렀습니다. '단(團)을 졸업한다.'는 의미였습니다. 아이가 5학년을 마칠 때 즈음 6학년 축구소년단 선배들의 '졸단식(卒團式)'이 열렸습니다. 후배 대표로 5학년 학생들과 부모들이 졸단식에 참석하게 되었습니다. 졸단식은 학교 체육관을 통째로 빌려 반나절 동안 진행하는 거창한 행사였습니다. 단원과 학부모는 물론이고 감독과 코치진 등 관계자들 전원이 참석해 있었습니다. 전반부의 몇 가지 식순이 끝나고 참가자들은 커다란 스크린 앞에 모여 앉았습니다. 이어진 순서는 6년간의 활동모습을 담은 사진과 동영상을 보는 시간이었습니다. 그 때 6학년 아이들과 학부모들의 눈시울이 붉어지는 모습이 보였습니다. 다음 순서는 6학년 아이들이 한 명씩 부모에게 감사의 편지를 읽는 시간이었습니다. 그 순서를 진행하던 중에 한 가정이 결국 눈물을 보이고 말았습니다. 그것이 전염이 되었는지 다른 가정들도 하나 둘 씩 흐느끼기 시작했습니다. 그동안 단원으로, 학부모로 고생해 오며 쌓인 감정이 복받치는 것 같았습니다. 6년 동안 그들이 쏟았을 땀과 노력을 생각하면 이해할 수 있는 상황이었습니다. 그런데 그 중 한 가정은 거의 통곡을 하며 울고 있었습니다. 나중에 알게 된 사실이지만, 그 가정의 아이는 심각한 병을 가지고 있었

습니다. 그래서 중간에 몇 번이나 축구를 포기하려 했었다고 합니다. 하지만 동료 아이들과 학부모들의 격려를 받으며 끝까지 포기하지 않고 버틴 것입니다.

'1년 후에 나도 저렇게 울게 될까?'

그 후 시간은 빠르게 지나 어느덧 아이도 초등학교를 졸업할 때가 되었습니다. 어려움도 많았지만 아이는 마지막 순간까지 누구보다 성실하게 운동을 했습니다. 그리고 드디어 졸단식 날짜가 정해졌습니다. 코로나19사태가 확산되기 시작한 2020년 봄의 어느 날이었습니다. 졸단식을 온라인으로 진행할지, 오프라인으로 진행할지를 놓고 학부모들은 막판까지 회의를 했습니다. 오프라인으로 해야 한다는 의견이 다수였습니다. 6년의 세월을 생각하면 온라인으로 대체하고 싶지 않았던 것입니다. 대신 참가인원과 식순을 대폭 줄인 형태로 치르기로 했습니다. 1년 후배들을 초청하는 전통을 포기하고 6학년 단원과 학부모, 그리고 감독과 수석코치만 참가하기로 한 것입니다. 코로나19 때문에 학교 체육관도 사용할 수 없었습니다. 어쩔 수 없이 인근 스포츠센터의 회의실을 빌려 졸단식을 진행했습니다. 예년과는 달리 눈물을 보이는 가정은 없었습니다. 마스크를 쓰고 있어야 했지만 줄곧 화기애애한 분위기가 이어졌습니다. 다행스럽게도 2년 반 동안의 축구소년단 활동은 그렇게 해피엔딩으로 끝이 났습니다.

다른 스포츠를 하면 안 되겠니?

아이는 중학생이 되었습니다. 그리고 중학교에서 시작될 '부카츠'에 큰 기대를 하고 있었습니다. 초등학교의 스포츠소년단과 중학교의 부카츠는 연장선상에 있는 것이었습니다. 종목을 바꾸는 아이들도 있었지만 스포츠소년단에서 했던 종목을 중학교 부카츠에서도 계속하는 아이들이 훨씬 많았습니다. 아이 역시 축구를 계속 하고 싶어 했습니다. 축구소년단 친구들도 모두 같은 중학교에 진학했고 대부분 축구를 계속하기로 한 상태였습니다. 그런데 축구소년단의 학부모 봉사활동이 너무 힘들었기 때문에 필자는 축구를 계속 시킬 자신이 없었습니다.

"중학교에서는 축구 말고 다른 스포츠를 하면 안 되겠니?"

아이에게 미안했지만 그렇게 설득할 수밖에 없었습니다. 그동안 최선을 다한 시간이 아까워도 어쩔 수 없었습니다. 기특하게도 아이는 별로 고민하지 않고 다른 스포츠를 해 보겠다고 했습니다. 아이는 어렸을 적부터 스포츠라면 뭐든지 좋아했습니다. 농구, 배구, 테니스에도 관심이 많았습니다. 하지만 그 즈음 코로나19가 크게 확산되어 중학교는 개학 후 곧바로 한 달 간 휴교에 들어갔습니다. 부카츠의 시작도 덩달아 연기되고 말았습니다. 학교가 재개되자 곧 부카츠에 대한 안내 자료가 도착했습니다. 부카츠는 크게 체육계열의 활동과 문화계열의 활동으로 나누어져 있었습니다. 아이의 중학교에는 8개의 체육계열 부카츠와 3개의 문화계열 부카츠가 있었습니다. 아이의 1순위 희망 부카츠는 농구부였습니다. 하지만 아쉽게도 아이의 중학교는 여자 농구부만 운영하고 있었습니다. 남자 농구부는 부원들의 흡연사태로 인해 몇 년 전 폐부(廢部)가 된 상태였습니다.

부카츠를 선택하기 전에는 가입부(仮入部)라는 활동이 있었습니다. 관심 있는 부카츠를 최대 3개까지 선택해서 2주 동안 미리 체험해 보는 활동이었습니다. 축구와 농구를 포기할 수밖에 없었던 아이는 배구부, 탁구부, 테니스부에 가입부를 하였습니다. 그리고 최종적으로 배구부를 선택했습니다. 배구는 다칠 위험이 적은 종목인 것 같아 부모로서도 안심이 되었습니다.

▶ 배구부 학생들의 훈련 모습

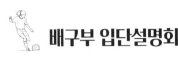

배구부 입단설명회

아이가 중학교에 입학할 당시 일본 청소년들 사이에선 〈하이큐〉라는 만화가 큰 인기를 끌고 있었습니다. 〈하이큐〉는 중, 고등학교 배구 부카츠를 소재로 한 스포츠만화였습니다. 아이 역시 30권이 훌쩍 넘는 전권 세트를 몇 번이고 반복해서 읽을 만큼 좋아했습니다. 〈하이큐〉의 인기 때문인지 중학교 신입생들 사이에서도 배구부는 주목받는 부카츠였습니다. 최종적으로 1학년 남학생 16명이 배구부에 입단하게 되었습니다. 기존에는 3학년 남학생이 5명, 2학년 남학생이 7명에 불과했습니다. 2, 3학년 학생을 합친 것보다 훨씬 많은 수의 신입부원이 입단하게 된 것입니다.

입단 절차가 끝나자 배구부에서는 곧 신입부원 학부모를 위한 설명회를 열었습니다. 배구부를 담당하고 있는 중학교 교원(코몬)과 외부코치, 그리고 2, 3학년의 학부모들이 신입부원의 학부모들을 맞이했습니다. 코몬 선생님과 2, 3학년 학부모들은 신입부원들의 수가 크게 늘어난 것에 적잖이 놀라는 눈치였습니다. 학교 실내체육관에서 열린 설명회는 1년간의 스케줄과 각종 유의사항, 연락망 등이 적혀 있는 책자를 보며 1시간 반 동안 진행되었습니다. 설명을 들으면서 중학교 부카츠에 대한 실질적인 감을 잡을 수 있었습니다. 정규훈련은 축구소년단과 마찬가지로 평일 중 3일, 방과 후에 있었습니다. 주말의 연습시합과 대회들은 코로나19로 대폭 축소될 예정이었습니다. 물론 학부모 봉사활동에 대한 내용도 있었습니다. 그런데 부카츠는 학교의 교육활동이어서 그런지 학부모가 참여하는 일이 많지 않은 것 같았습니다.

'배구를 선택하길 잘했어!'

배구부에 대한 첫 인상은 깨끗하고 시원한 체육관에 앉아 있는 그 느낌만큼이나 좋았습니다. 다른 일본인 학부모들도 모두 신이 난 모습이었습니다. 자녀들의 부카츠를 함께 즐길 마음의 준비가 되어 있는 것 같았습니다. 일본인 학부모들을 보면서 우메하라씨의 이야기를 다시 떠올렸습니다. 그곳에 모인 사람들도 학창시절에는 부모의 도움을 받으며 운동한 경험을 가지고 있었을 것입니다.

 ## 월 회비가 겨우 25,000원?

공익재단법인에서 운영하는 축구소년단의 월 회비(겟샤) 3천5백엔은 활동에 비하면 너무 저렴한 것이었습니다. 그런데 중학교 배구부의 월 회비는 축구소년단보다도 더 저렴한 2천5백엔(약2만5천원)에 불과했습니다. 월 회비 외에 따로 들어가는 비용도 거의 없었습니다. 중학교체육연맹에 선수등록을 하는 비용 5백엔(약 5천원)과 간혹 배구용품을 구입할 때 들어가는 개인적인 비용이 전부였습니다. 주말에 원정 경기가 있어도 아무런 비용이 청구되지 않았습니다. 솔직히 어리둥절할 정도였습니다. 경제적인 부담 때문에 운동을 시키고 싶어도 시킬 수 없었던 한국에서의 기억을 떠올리지 않을 수 없었습니다. 아이가 한국에서 초등학교 저학년일 때의 일입니다. 당시 아이 친구의 형이 중학교 엘리트 축구선수로 활동하고 있었습니다. 아이가 축구를 너무 하고 싶어 했기 때문에 그 친구의 어머니와 엘리트 축구부에 관해 상담을 한 적이 있었습니다. 가장 큰 관심사는 역시 비용에 관한 것이었습니다.

'그냥 포기하자.'

엘리트 축구부를 시키는데 들어가는 비용을 듣고 가장 먼저 든 생각이었습니다. 한국에서 운동을 시키려면 돈이 많이 들어간다는 것쯤은 알고 있는 사실이었습니다. 그래도 혹시나 해서 물어보았는데 '역시나'였습니다. 아무리 아이가 원한다지만 시킬 엄두가 나지 않는 수준이었습니다. 동료 선생님 중에 자녀에게 빙상 스포츠를 시키는 분이 계셨습니다. 한국의 교사 월급수준은 OECD국가 중에도 상위권인데 그 분은 교사월급으로 아이 한 명 운동시키기가 힘들다는 하소연을 자주 했습니다. 비용도 문제지만 한국은 저변이 취약하기 때문에 자녀에게 운동을 시키려면 이사를 해야 하는 경우가 대부분이었습니다. 반면 일본은 대부분의 학교에서 야구부, 축구부, 농구부, 배구부, 테니스부, 육상부를 운영하고 있었습니다. 배드민턴부, 탁구부, 유도부도 많은 학교에서 운영하고 있었습니다. 게다가 경제적인 부담도 없었습니다. 운동을 좋아하는 학생이라면 누구나 다니고 있는 학교에서 운동부 생활을 할 수 있는 환경이었습니다. 비교하기 거북하지만 그런 면에서 우리나라와는 너무 큰 차이가 있었습니다.

 ## 부모의 부담이 줄어들다

하지만 일본에서 자녀에게 운동을 시키려면 학부모가 봉사활동에 많이 참여해야 하는 부담이 있었습니다. 입단 설명회에서 들떴던 기분도 잠시, 학부모로서 봉사활동에 불려 다닐 마음의 준비를 해야 했습니다. 그런데 어찌된 일인지 한 달, 두 달이 지나도 배구부에서는 아무런 연락이 오지 않았습니다. 학부모 채팅방에도 별다른 공지가 올라오지 않았습니다. 1학기가 끝나고 여름방학이 되어도 마찬가지였습니다. 분명히 아이는 일주일에 4, 5일씩 부카츠에 나가고 있었습니다. 그런데 학부모들은 좀처럼 호출되지 않았습니다. 결과적으로 입단 설명회에 나간 이후 여름방학이 끝날 때까지 배구부에서는 학부모들을 한 번도 부르지 않았습니다. 축구소년단 때와는 너무 다른 상황이었기 때문에 어리둥절했습니다.

　거기에는 몇 가지 이유가 있었습니다. 우선 중학생들은 부카츠가 끝나는 저녁시간에도 혼자 귀가할 수 있게 되어 있어서 부모의 마중이 필요하지 않았습니다. 일본에는 오후 5시가 넘으면 초등학생들은 반드시 부모와 함께 귀가해야 한다는 사회적인 룰이 있었습니다. 그래서 지금도 오후 5시가 되면 초등학교의 종을 크게 울려 아이들에게 귀가하라는 신호를 보냅니다. 초등학교 축구소년단의 평일 훈련은 오후 7시에 끝났기 때문에 부모의 마중이 의무였습니다. 연습시합과 대회가 있는 주말에도 마찬가지였습니다. 하지만 중학교에서는 그럴 필요가 사라져 버린 것입니다. 두 번째로 부카츠는 운영주체가 학교였기 때문에 부모들이 참여할 일이 거의 없었습니다. 공익단체에서 운영하는 축구소년단은 학부모들이 코치부터 행정 일까지 모든 영역에서 봉사를 해야 했습니다. 반면 부카츠는 공교육의 일환이기 때문에 운동의 지도는 물론 행정도 학교에서 책임지는 구조였습니다. 세 번째로 실내종목이라는 특성에 기인한 부분도 있었습니다. 학교 체육관에 배구코트와 비품이 완비되어 있었고 학생들이 모든 훈련준비와 뒷정리를 했기 때문에 부모의 지원활동이 필요하지 않았습니다. 코로나19의 영향도 있었습니다. 1학기에 잡혀 있던 원정 경기들이 대부분 취소되는 바람에 배차활동 같은 학부모 봉사활동이 없었던 것입니다. 2학기에 들어가서는 연습시합과 대회가 재개되고 원정이 늘어나면서 1학기 때보다는 확연히 바빠지게 되었습니다. 하지만 차량봉사를 비롯한 대부분의 봉사활동이 로테이션으로 돌아갔기 때문에 크게 부담이 되지는 않았습니다. 부모들이 운동지도부터 재정마련까지 해야 했던 축구소년단 시절을 생각하면 중학교 부카츠는 부모들에게는 '해방'이나 다름없었습니다.

 ## 부카츠의 코칭스텝들

배구부의 코칭 스텝은 중학교 교원 세 명과 외부에서 초빙된 코치 한 명으로 구성되어 있었습니다. 부카츠를 지도하는 학교의 교원, 즉 코몬 (고문) 선생님들은 평상시에는 교과 수업을 담당하는 일반 선생님들이었습니다. 배구부에는 남자부와 여자부를 담당하는 코몬 선생님이 각각 한 명씩 있었습니다. 남자부를 담당하는 '오오이시' 선생님은 기술 과목 교사이면서 부카츠에서는 직접 배구 기술도 지도하셨습니다. 오오이시 선생님은 학창시절 줄곧 배구를 했고 대학에서는 기술을 전공한 분이었습니다. 일본은 학업과 운동을 병행하는 시스템이기 때문에 오오이시 선생님처럼 운동부 경험을 가진 선생님들이 많이 있었습니다. 오오이시 선생님은 배구부 코몬으로 오랫동안 활동한 분이었고 제자들 중에는 전문 배구선수가 된 케이스도 있었습니다. 선생님은 다소 연세가 있었지만 훈련 때마다 땀을 흘리며 열정적으로 지도를 해 주셨습니다. 오오이시 선생님 외에 여자부를 담당하는 코몬 선생님이 한 명 더 있었습니다. 그리고 코몬 선생님들을 보조하는 역할을 '후쿠코몬(副顧問: 부고문)'이라고 불렀습니다. '후쿠코몬'인 야마다 선생님은 가정 과목을 가르치는 여자 선생님으로 코몬 선생님들을 보조하는 역할이었습니다. 직접 운동을 지도하지는 않고 배구부의 행정을 담당하고 계셨습니다. 외부에서 오시는 모치즈키 코치는 배구 지도를 전문적으로 하는 분이었습니다. 모치즈키 코치처럼 외부에서는 초빙되어 오는 지도자를 일본어로 '가이부코몬(外部顧問: 외부고문)'이라고도 불렀습니다. 모치즈키 코치는 학교에서 하는 정규훈련 외에 '지슈렌(自主練)'이라는 보강훈련도 전담하고 있었습니다. 지슈렌은 실력향상을 원하는 부원들이 자발적으로 참여하는 훈련으로 주말 저녁에 하는 것이었습니다.

부카츠의 코칭스텝은 학교 선생님들만으로 구성된 경우와 학교 선생님들과 외부 코치의 조합으로 구성된 경우로 나눌 수 있었습니다. 아이의 중학교에서는 8개의 운동부 중 배구부와 육상부 등 일부 부카츠에만 외부코치를 초빙하고 있었습니다. 참고로 일본도 일반적으로 공립학교보다는 사립학교의 교육환경이 조금 더 좋은 편이었습니다. 사립학교는 공립학교보다 평균적으로 더 많은 부카츠를 운영하고 있었고 실력도 좋은 편이었습니다. 일부 사립학교의 운동부는 전문적인 코치진을 두고 우리나라의 엘리트 운동부와 비슷한 느낌으로 활동하는 경우도 있었습니다.

 # 365일 사용되는 학교 체육관

필자의 학창시절 작은 소원 중 하나는 학교 체육관에서 농구를 실컷 해 보는 것이었습니다. 하지만 그런 기회는 중, 고등학교 6년 동안 한 번도 오지 않았습니다. 학창시절 내내 학교 체육관에 들어가 본 횟수가 손에 꼽을 정도였습니다. 입학식과 졸업식 때만 들어갔던 것으로 기억합니다. 고등학교 때는 농구부 동아리였지만 체육관은 고사하고 운동장에 나갈 기회도 거의 없었습니다. 선생님들은 동아리 시간에 대부분 교실에서 자습을 시켰습니다. 당시 학교 체육관을 사용하는 일은 연중행사나 다름없는 일이었습니다.

'사용도 안 할 거면 도대체 왜 만든 거야?'

자물쇠로 굳게 잠겨 있는 체육관을 보면서 그렇게 불평해 봐도 바뀌는 건 아무것도 없었습니다. 학교 체육관은 학생들에겐 그림의 떡 같은 존재였습니다. 일본에서 두 자녀를 학교에 보내면서 놀란 점은 한, 두 가지가 아니었습니다. 그 중에는 체육관 사용과 관련된 부분도 있었습니다. 아이들이 다녔던 초등학교와 중학교의 체육관은 365일 사용되고 있다고 해도 과언이 아니었습니다. 우선 평상시의 체육수업 때 체육관을 자주 사용했습니다. 실내에서 해야 할 수업은 꼭 체육관으로 이동해 진행했습니다. 중학교는 실내 체육관이 두 곳이나 있었습니다. 하나는 농구, 배구, 배드민턴 등 구기 종목을 하는 체육관이었고 다른 하나는 유도, 가라테 등 투기 종목을 하는 체육관으로 '격기장(挌技場)'이라고 불렀습니다(실제로 겨울에 격기장에서 유도수업이 있었습니다). 중학교에서는 체육수업과 부카츠를 위해 매일 밤늦게까지 두 곳의 체육관을 사용하고 있었습니다. 초등학교 체육관에서는 오후 5시까지 초등학생들의 체육활동이 있었습니다. 이어서 밤 9시까지는 지역사회 스포츠클럽들이 체육관을 사용하고 있었습니다. 체육관 뿐 아니라 일본의 학교는 대부분 수영장과 테니스장을 갖추고 있었습니다. 무엇보다 체육시설들을 계절별로 잘 활용하고 있었습니다. 심지어 다른 학교 체육관을 사용할 기회도 많았습니다. 배구부 보강훈련인 지슈렌은 인근의 다른 학교 체육관에서 진행했습니다. 지슈렌에 참가하는 학생들은 매주 이틀씩 다른 학교 체육관을 사용하는 셈이었습니다. 또한 부카츠의 연습시합과 대회가 원정으로 열리는 경우가 많기 때문에 여러 학교의 체육관에 방문할 기회가 있었습니다.

일주일에 15시간

부카츠는 정규수업이 끝난 직후에 시작되었습니다. 시즈오카시 교육위원회의 '중학교부카츠가이드라인'을 찾아보니 부카츠의 '상시 활동'에 대한 원칙이 나와 있었습니다. 상시 활동이란 각 학교가 진행하는 정규 훈련 시간을 말합니다. 상시 활동은 평일 중 3일, 그리고 토요일과 일요일 중 하루만 활동해야 한다고 규정하고 있었습니다. 활동시간은 평일 2시간, 주말은 3시간으로 명시하고 있었습니다. 규정대로라면 부카츠의 상시 활동은 평일 6시간과 주말 3시간을 합쳐 한 주에 9시간이 되는 셈이었습니다. 상시 활동에 대한 규정은 실제로 잘 지켜지고 있었습니다. 하지만 부카츠는 상시 활동이 전부가 아니었습니다. 상시 활동에 포함되지 않는 연습시합과 대회출전, 지슈렌 등이 더 있었습니다. 그래서 실제 활동 시간은 훨씬 많았습니다. 주말 중 하루는 상시 활동(정규 훈련)을 하고 나머지 하루는 연습시합이나 대회에 출전하는 패턴이었습니다. 열성적인 아이들은 저녁에 지슈렌까지 꼬박꼬박 참여했습니다.

도쿄대학교 사회과학연구소의 조사에 의하면 일본 중, 고등학생들이 부카츠에 사용하는 시간은 일주일에 평균 15시간이었습니다. 아이의 배구부도 정규훈련과 대회출전, 그리고 지슈렌 시간을 합쳐보니 대략 그 정도움을 알 수 있었습니다. 단, 주말 활동이 많을 때는 일주일의 활동시간이 20시간을 넘기기도 했습니다. 부카츠의 훈련은 즐거운 분위기에서 이루어졌지만 훈련의 강도는 결코 약하지 않았습니다. 특히 체력훈련을 세게 시켰습니다. 어느 날은 아이가 훈련이 너무 힘들다며 울면서 집에 돌아 올 정도였습니다. 한국의 엘리트 운동부만큼은 아닐지 몰라도 한 분야를 숙련시키기에 부족한 활동은 아니었습니다. 일주일의 활동시간을 평균 내면 매일 2, 3시간씩 훈련하는 수준이었습니다. 진로를 운동 쪽으로 정하는 학생들은 특히 개인훈련을 열심히 하는 분위기였습니다. 또한 부카츠 외에 추가로 외부단체에 가입해 훈련을 하는 경우도 있었습니다.

 ## 지슈렌, 예상을 뛰어넘다

배구부의 평일 정규 훈련은 코몬 선생님과 외부 코치가 지도를 전담했고, 훈련 준비와 뒷정리는 학생들이 했기 때문에 부모가 학교에 갈 일은 없었습니다. 반면 주말의 지슈렌에서는 부모들이 로테이션으로 '열쇠당번' 봉사활동을 했습니다. 어려운 활동은 아니었습니다. 훈련시간 전에 체육관 문을 열고 비품을 지정된 장소에 둔 뒤 출석체크를 하는 일이었습니다. 그리고 2시간 동안 훈련을 함께 참관한 뒤 체육관 사용일지를 쓰고 뒷정리를 도우면 끝이 났습니다. 아이가 1학년이었던 해의 가을에 처음으

로 열쇠당번 순번이 찾아와 지슈렌
에 가 볼 기회가 생겼습니다. 아이는
지슈렌에 빠짐없이 참석하고 있었기
때문에 아이의 훈련모습을 볼 수 있
는 기회이기도 했습니다.

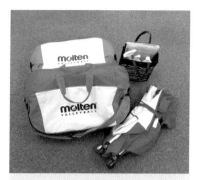

▶ 부모들이 챙기는 비품들. 배구공과 출석부,
소독약 등이다.

　하지만 지슈렌은 자율참가 훈련인
데다 주말 저녁시간(오후 5시-7시)
에 하는 것이었습니다. 게다가 그 날은 이미 학교에서 오전 한 차례 정규
훈련을 마친 상황이었습니다. 보통 사람들은 저녁 먹고 TV나 볼 시간에,
그것도 자율훈련이라니... 부원이 과연 몇 명이나 참여할지 의문이 들었
습니다. 더욱이 지슈렌은 다른 학교 체육관에서 하는 훈련이었습니다. 오
전에 서너 시간의 정규 훈련을 끝내고 집에 돌아간 중학생들이 저녁에 다른
학교까지 가서 자율훈련을 하는 모습은 좀처럼 상상이 되지 않았습니다.

　'우리 애처럼 열성적인 애들이나 몇 명 나와서 하는 걸 거야....'

　그런 생각을 하면서 지슈렌이 열리는 체육관으로 갔습니다. 그런데 현
장에 도착하자마자 예상했던 것과 전혀 다른 상황이 펼쳐졌습니다. 아이

를 포함해 현장에 이미 도착해 있던 4, 5명의 1학년 부원들은 일사불란하게 네트를 설치하고 훈련할 채비를 갖추고 있었습니다. 남녀 부원들이 속속 체육관으로 들어왔고 이어서 코치진으로 보이는 건장한 성인들이 들어왔습니다. 출석부에 이름이 없는 학생들도 계속 들어왔습니다. 알고 보니 그들은 같은 중학교 배구부 출신의 OB학생들이었습니다.

그날 지슈렌에 참석한 남녀 부원의 수는 수십 명에 달했습니다. 체육관은 배구부원들과 코치진으로 꽉 차게 되었고 엄청난 열기가 뿜어져 나오고 있었습니다.

지슈렌, 감탄사를 연발하다

자율훈련이라고 해서 훈련 강도가 낮은 것도 아니었습니다. 부원들은 코치들의 스파이크를 받아내기 위해 훈련시간 내내 몸을 날리고 바닥에 뒹굴었습니다. 여자부원들도 예외가 아니었습니다. 훈련을 시작한 지 얼마 지나지 않아 부원들과 코치들은 땀을 흘리며 가쁜 숨을 쉬고 있었습니다. 하지만 모두가 훈련을 즐기고 있었습니다. 참석자들의 얼굴에는 웃음이 가득했고 힘찬 기합소리로 체육관이 찌렁찌렁 울렸습니다. 그곳에 모인 아이들은 배구를 하며 진심으로 행복해 하고 있었습니다. 그런 학생들의 모습을 보고 있자니 학부모로서 가슴이 뭉클해졌습니다. 스포츠 활동에 열중하며 학창시절을 보내는 일본 청소년들의 이야기를 한국에 꼭 알리고 싶다고 생각한 것도 바로 그 때였습니다.

지슈렌은 규율도 체계적으로 잡혀 있었습니다. 부원들은 훈련이 시작되기 전에 도착해 모든 준비를 마쳐놓았고 훈련은 5시에 정확하게 시작되었습니다. 2시간 동안 이어지는 훈련은 빈틈이 없었고 코치진과 부원들 어느 누구도 흐트러지는 모습을 보이지 않았습니다. 훈련이 끝나자 부원들은 신속하게 네트를 철거하고 비품 정리를 한 뒤 체육관 바닥을 닦았습니다. 그리고 코치진 앞에 정렬을 했습니다. 곧이어 코치들은 한 사람씩 돌아가며 그 날 훈련에 대한 피드백을 진행했습니다. 코치들의 피드백이 끝나자 부원들은 주장의 구호에 맞춰 코치진에게 깍듯하게 90도 인사를 했습니다. 그로서 모든 활동이 끝난 것이었습니다. 지슈렌은 누가 봐도 본격적인 운동부의 훈련이었습니다. 놀라운 사실은 지슈렌 역시 비영리 활동이라는 점이었습니다. 참가하는 부원들은 회당 100엔(약1,000원)의 체육관 사용료를 낼 뿐이었습니다. 지슈렌의 코치들은 정기적으로 오는 사람과 비정기적으로 오는 사람으로 나누어져 있었습니다. 정기적으로 오는 코치는 약간의 사례비를 받지만 대부분의 코치들은 사례비 없이 자발적으로 참여하는 사람들이었습니다.

'비영리 활동을 어떻게 저렇게 열심히 할 수 있는가?'

지슈렌을 처음으로 참관하러 갔던 그 날은 처음부터 마지막까지 감탄사를 연발하지 않을 수 없었습니다.

지역사회의 재능기부

지슈렌은 부카츠의 평일 정규훈련 때와는 코칭스텝의 구성이 크게 달랐습니다. 지슈렌은 부카츠의 상시활동, 즉 정규훈련은 아니었습니다. 즉 학교의 교육활동이 아니었습니다. 그래서 학교 선생님들(코몬)은 지슈렌에 참여하지 않았습니다. 정규훈련 때 외부 코치의 역할을 하는 모치즈키 코치가 지슈렌을 총괄하는 감독과 같은 역할이었습니다. 그리고 실질적으로 학생들을 지도하는 코치들이 따로 여러 명 있었습니다. 코치들의 신분은 다양했습니다. 우선 학부모 코치가 있었습니다. 당당한 체구로 보아 선수 출신의 학부모임을 짐작할 수 있었습니다(나중에 확인해 보니 역시 선수 출신이었습니다). 그리고 고등학교와 대학교의 배구부 학생들이 보조 코치로 참여해서 중학생들의 훈련을 돕고 있었습니다. 그들은 대부분 자원 봉사자들이었습니다. 우리식으로 말하면 지역사회의 재능기부 활동이었습니다. 코치들은 2시간 동안 잠시도 쉬지 않고 열정적으로 지도를 해 주었습니다. 그리고 코치들 스스로도 운동을 즐기는 모습이었습니다.

지슈렌에 참가하는 사람들 중에는 대를 이어 배구를 하는 가족도 여럿 있었습니다. 학부모 코치 중 한 명은 딸이 아이와 같은 중학교 1학년 배구부원이었습니다. 그리고 그 학부모는 초등학생인 아들까지 지슈렌에 데리고 나와 중학생들 사이에서 훈련을 시키고 있었습니다. 아빠의 대를 이어 중학생 딸과 초등학생 아들도 배구를 하고 있는 것이었습니다. 지슈렌을 참관하러 갔던 어느 날 훈련이 끝나고 학부모 코치인 '이시카와' 코치와 대화를 나눈 적이 있었습니다. 그는 지슈렌의 코치들 중 리더 격인 사람이었습니다. 이시카와 코치는 아들이 중학교에서 배구를 했었고 자신은 줄곧 학부모 코치로 봉사를 해 왔다고 하였습니다. 그의 아들은 이미 고등학생이 되었지만 아들의 후배들을 위해 여전히 중학교 코치로 활동하고 있는 것이었습니다. 그리고 그 자신도 학창시절부터 30년간 배구를 해 오고 있다고 하였습니다. 초등학생, 중학생, 고등학생, 대학생, 그리고 학부모들까지 한 자리에 모이는 지슈렌의 풍경은 놀라움 그 자체였습니다. 매주 주말마다 마을 운동회가 개최되는 것이나 다름이 없었습니다. 그들은 다른 어떤 것이 아닌 오직 '배구'를 위해 모인 사람들이었습니다. 그리고 모두가 진심으로 배구를 즐기고 있었습니다.

'몸도 마음도 참 건강한 사람들이구나!'

그들의 모습을 보며 줄곧 그런 생각이 들었습니다.

▶ 여학생의 스파이크

첫 번째 공식전

입단 후 첫 학기에는 코로나19 때문에 몇 차례의 연습시합을 제외하고 모든 공식경기가 취소되고 말았습니다. 특히 '인터미들'이라고 불리는 전국중학교체육대회 역시 개최중지가 발표되었는데 유례가 없는 사태였습니다. 그로 인해 지역예선전도 함께 중지가 되고 말았습니다. 전국중학교체육대회는 전국을 9개의 블록으로 나누어 학기 초부터 수개월 동안 지역예선을 치르게 되어 있었습니다[시즈오카는 도카이(東海)블록에 소속되어 있었습니다]. 그리고 지역예선에서 우승한 학교들만 8월에 열리는 전국 무대에 참가하는 방식이었습니다. 체육계열 부카츠, 즉 운동부 학생들은 3학년이 된 해의 7월에 공식적으로 은퇴를 하게 되어 있었습니다. 그래서 3학년 학생들에게는 인터미들의 지역예선이 가장 중요한 은퇴무대였습니다. 만약 지역예선에서 좋은 성적을 거두면 은퇴를 잠시 미루고 8월에 열리는 전국대회에 나가는 것이었습니다. 그런데 중학교 시절의 마지막 무대라고 할 수 있는 인터미들의 지역예선전이 코로나19 때문에 통째로 사라져 버린 것입니다. 3학년 학생들은 물론 배구부 전체가 아쉬워했습니다.

2학기에 들어서자 코로나19의 상황이 다소 호전을 보였습니다. 그리고 곧 첫 번째 공식전이 성사되었습니다. 바로 지역 시드전이었습니다. 시드전을 개최한다는 소식에 아이들도 부모들도 다소 들뜬 기분이 되었습니다. 하지만 1학년들의 참가는 제한되어 있었습니다. 부원이 16명이나 되었기 때문에 6명만 선발해 참가하기로 결정이 되었습니다. 물론 실력도 2학년에 비해서 아직 많이 부족했습니다. 부카츠는 연공서열을 중시하는 문화를 가지고 있었습니다. 그래서 특출한 능력이 없는 이상 1학년은 주전 멤버가 되기 어려웠습니다. 아무튼 6명에 선발되지 않으면 벤치에도 앉지 못하고 관중석에서 구경을 해야 하는 상황이었습니다.

"아빠, 나 뽑혔다!"

아이는 리베로로 6명 안에 선발되었습니다. 기대하지 못한 일이었습니다. 정규 훈련과 지슈렌에 빠짐없이 참석한 덕분인 것 같았습니다. 아무튼 공식전에 출전한다는 것은 중학교 배구선수로서의 커리어를 공식적으로 시작한다는 의미였습니다. 하지만 시드전은 감염방지 대책 차원에서 학부모들의 참관까지는 허락하지 않았습니다. 경기 결과는 라인의 학부모 채팅방 공지로 알 수 있었습니다. 그리고 집에 돌아 온 아이를 통해서 더 자세한 이야기를 들을 수 있었습니다. 시드전은 1회전부터 박빙으로 흐르는 바람에 1학년들은 끝까지 출전기회를 잡지 못했다고 하였습니다. 그리고 2학년 선배들이 분전했지만 아쉽게 패배해 2회전 진출에 실패했다는 이야기였습니다. 아이의 첫 공식전이자 중학교 배구선수로서의 데뷔전은 그렇게 벤치에서 마무리가 되었습니다.

 ## 늘어나는 연습시합과 원정경기들

시드전이 끝난 9월 말 이후로는 거의 매주 다른 학교와의 연습시합이 잡혔습니다. 본격적인 대회 시즌인 10월이 되자 각종 대회들이 줄지어 기다리고 있었습니다. 그 중 절반이상이 원정경기였습니다. 1학년들은 부원수가 많아 여전히 선발형식으로 참가했습니다. 적을 때는 4명, 많을 때는 8명이 선발되어 대회에 참가했습니다. 아이는 서브와 리시브 능력을 인정받아 선발명단에 안정적으로 들어갈 수 있었습니다.

10월 말의 어느 일요일이었습니다. 그 날은 시즈오카현이 속한 일본 중부(中部)지역의 중학교 배구 토너먼트 대회가 있는 날이었습니다. 대회 장소는 야이즈시(燒津市)의 한 중학교로 시즈오카시에서는 차로 30분이나 걸리는 곳이었습니다. 선발된 부원들은 오전 6시 50분에 학교에 모여 2시간가량 연습을 하고 오전 10시에 학부모들의 차를 나눠 타고 경기장소로 출발했습니다. 오전 일정을 마치고 도시락으로 점심을 해결한 뒤 이어진 일정을 다 소화하자 시간은 오후 2시가 되었습니다. 부원들을 다시 차에 태우고 시즈오카시로 돌아오니 오후 3시를 가리키고 있었습니다. 부원들은 그제서야 각자의 집으로 해산했습니다. 그런데 그 날의 일정은 그걸로 끝이 아니었습니다. 일요일이었기 때문에 오후 5시부터는 또 지슈렌이 있었습니다. 놀랍게도 그 날 지슈렌은 오후 5시부터 9시까지 무려 4시간이나 예정되어 있었습니다. 평소의 2배였습니다. 심지어 중간에 저녁 먹는 시간도 없었습니다. 새벽 6시50분부터 2시간 연습을 하고 다른 도시로 원정경기까지 다녀왔는데 이어서 4시간을 추가로 훈련하는 일정이었습니다. 게다가 다음 날은 학교에 가는 월요일이었습니다. 아무리 생각해도 무리한 일정이라는 생각이 들었습니다. 한국의 엘리트 운동부라고 한들 그렇게 무리한 일정은 없을 것 같다는 생각이 들었습니다. 일본은 학업과 운동을 병행하는 시스템으로 주말에 대회가 집중되다 보니 무리한 스케줄이 되는 경우가 종종 있었습니다.

"오늘처럼 원정 경기 다녀온 날은 지슈렌이라도 좀 쉬면 안 되겠니?"

"싫어! 무조건 다 참여할 거야!"

아이는 피곤한 기색은커녕 의욕에 넘쳐 있었습니다. 다음날 학교에 가는 것도 전혀 걱정하지 않았습니다. 공부와 운동을 병행하는 생활이 고단

할 법도 했지만 아이는 '문제없다'며 목소리를 높였습니다. 그날 4시간의 지슈렌까지 참여하고 아이가 집에 돌아온 시간은 오후 9시 20분이었습니다. 아침 6시 반에 집을 나가서 잘 시간이 되어서야 들어온 것입니다. 그런데도 아이의 표정은 밝기만 했고 기분도 좋아보였습니다.

'그렇게 재미있나? 지치지도 않나?'

아이들이 가진 에너지는 분명 어른들과는 차원이 다른 것이었습니다. 나중에 알고 보니 지슈렌 시간이 일시적으로 늘어난 데에는 이유가 있었습니다. 10월 말부터 본격적인 대회시즌에 들어간 것도 있었고 세대교체가 필요한 시점이기도 했던 것입니다. 3학년 학생들은 이미 은퇴했고, 2학년 학생들이 주축이 되어야 하는데 부원수가 적었습니다. 여러모로 1학년들의 실력을 끌어 올려야 하는 시기였던 것입니다.

 ## 코몬 선생님들의 희생

부카츠 생활이 즐거워 보이는 학생들과는 조금 달리 코몬 선생님들의 모습에서는 이따금 피곤함을 엿볼 수 있었습니다. 아무리 교육적인 열정이 큰 선생님이라고 한들 휴일까지 이어지는 부카츠 지도가 쉬울 리는 없었습니다. 실제로 부카츠 지도에 부담을 느끼는 선생님들이 많다는 이야기도 들은 적이 있었습니다. 주말에도 쉬지 못하고 학생들을 인솔해 연습시합과 대회에 다니는 코몬 선생님을 뵐 때면 마음이 복잡해졌습니다. 학부모로서는 감사한 마음과 죄송한 마음이 교차했습니다. 또한 같은 교사의 입장에서는 존경심과 연민의 마음이 동시에 들었습니다.

'나라면 과연 저렇게 할 수 있을까?'

1, 2년 정도 맡으라면 모를까 그 이상 맡으라고 하면 못할 것 같다는 생각이 들었습니다. 배구부 코몬 선생님이신 오오이시 선생님은 8년째 배구부를 담당하고 계셨습니다. 코몬 선생님들은 부카츠 운영을 위해 해야 할 일이 많았습니다. 만화 〈하이큐〉를 보면 '타케다 잇테츠'라는 등장인물이 나옵니다. 주인공이 다니는 고등학교 배구부의 코몬 선생님입니다. 만화 속에서 타케다 선생님은 배구부를 위해 여러 가지 일을 하는 것으로 묘사됩니다. 연습시합을 잡기 위해 다른 학교에 연락하는 일도 그중 하나입니다. 만화 속의 타케다 선생님은 배구선수출신이 아닙니다. 그래서 외부 코치에게 질문을 하면서 배구에 대해 하나하나 배워 나가는 장면이 나옵니다. 실제 코몬 선생님들의 생활도 다르지 않았습니다. 타케다 선생님처럼 잘 모르는 분야의 부카츠를 담당하는 선생님들도 적지 않다

는 이야기를 들었습니다. 그런 경우 부카츠 지도를 위해 선생님들이 직접 교본을 사서 공부하거나 그 분야의 강습을 받으러 다니는 경우도 있다고 합니다. 또 오랫동안 한 종목의 부카츠를 지도하며 전문성을 쌓았는데 전근을 가서 새로운 부카츠를 맡게 되는 난감한 상황도 있다고 합니다. 교사는 수업, 평가, 상담 등 기본적인 업무만으로도 바쁜 직업입니다. 그런데도 일본의 선생님들은 휴일을 반납해 가며 부카츠 지도까지 겸하고 있었습니다. 학생들에게는 마냥 재밌을지도 모르는 부카츠 생활의 이면에는 이처럼 일본 선생님들의 큰 희생이 있었던 것입니다.

 ## 4인방의 못 말리는 열정

16명의 1학년 부원들 중 고정적으로 선발되어 대회에 참여하는 부원은 아이를 포함해 4명이었습니다. 실력뿐 아니라 훈련태도와 같은 성실도면에서도 인정을 받은 아이들이었습니다. 이 4인방의 아이들이 배구를 대하는 태도는 자기 주도적이라는 말이 딱 어울렸습니다. 정규훈련과 지슈렌에 빠지는 일이 없었고 훈련이 없는 날에도 모여서 배구연습을 하며 지냈습니다. 4인방은 놀 때도 함께 놀았고 그들이 있는 곳에는 어디에나 배구공도 함께 있었습니다. 4인방의 일주일은 배구부 활동으로 꽉 차 있었는데 그들 중에는 '가이부(外部)'에 참여하는 아이도 있었습니다.

'가이부'란 다른 학교의 부카츠나 외부단체의 훈련에 참여하는 것을 의미하는 용어입니다. 실력을 업그레이드 하려는 목적이어서 '브러쉬업 (brushup)'이라고도 불렀습니다. 시즈오카의 학교들은 부카츠 간에 인적 교류가 활발했습니다. 네트워크가 잘 되어 있었고 개방적이었습니다. 사전에 조율만 하면 다른 학교의 부카츠 훈련에도 참여할 수 있게 되어 있었습니다. 하지만 부모 입장에서는 일주일 내내 공부와 운동을 병행하는 생활이 힘들지 않은지 걱정이 되었습니다. 그래서 아이의 컨디션을 자주 확인했지만 언제나 '괜찮다'는 대답만 돌아왔습니다. 아이는 하루도 쉬지 않고 배구부 활동을 하는 이유를 이렇게 설명해 주었습니다.

"배구를 하는 재미 50%에 친구들 만나는 재미 50%야."

솔직한 대답이었습니다. 친구들을 부모보다 더 좋아할 나이였습니다. 그렇다고 4인방의 아이들이 공부는 뒷전으로 하고 운동만 열심히 한 것은 아니었습니다. 아이들은 배구부 훈련을 마치고 밤늦게까지 학원을 함께 다니며 공부도 열심히 했습니다. 또한 학교에서는 생활태도가 성실하여 평판이 좋은 편이었습니다.

부원이 3명뿐인 배구부

일요일 오후에 다른 학교에서 열린 연습시합에 동행한 적이 있었습니다. 그 날의 연습시합은 아이의 학교를 포함해 세 곳의 중학교가 참여해 로테이션으로 시합을 치르게 되어 있었습니다. 시합이 열리는 중학교에 도착한 시간은 오후 5시 30분. 각자 짐을 풀고 오후 6시부터 학교별로 연습에 돌입했습니다. 그런데 세 곳의 학교 중 한 곳은 배구부의 규모가 너무 작았습니다. 부원이 3명뿐이었습니다. 배구는 6인제 경기인데 시합에 나갈 인원조차 되지 않았던 것입니다. 게다가 피지컬도 평범하기 그지없었습니다.

'아니 고작 3명을 데리고 무슨 배구를 한담?'

다른 두 학교에서 온 학부모들은 그 학교 배구부 학생들을 안타까운 마음으로 쳐다보았습니다. 상황이 그런데도 그 학교의 코몬 선생님과 부원들의 표정은 밝았습니다. 연습하는 모습에서도 열정이 느껴졌습니다. 학교별 연습이 끝나고 본격적으로 시합이 시작되었습니다. 그 학교는 시합 때마다 다른 두 학교에서 3명을 수혈(?)받아 경기를 치러야 했습니다. 그런데 정작 뚜껑을 열어보니 그 학교 부원들의 실력은 만만치 않았습니다.

체격은 왜소하지만 수비가 탄탄하고 정확한 스파이크를 구사했습니다.

그 학교의 배구부원 3명은 수십 명의 부원을 보유한 다른 두 학교에 조금도 뒤지지 않는 활약을 펼쳤습니다. 특히 3명의 부원 중 한 명은 그날 다른 학교의 모든 부원을 통틀어 최고의 활약을 펼쳤습니다. 공격성공률이 거의 100%에 가까웠습니다. 연습시간까지만 해도 누구도 예상하지 못한 일이었습니다. 다른 학교의 학부모들 역시 모두 놀라는 눈치였습니다. 그 학교의 배구부를 보면서 부원수와 실력은 별개라는 사실을 알 수 있었습니다. 또한 부원이 3명뿐인 배구부가 운영되고 있다는 사실도 새삼 신기하게 느껴졌습니다. 어쩌면 그렇게 작은 운동부를 폐지하지 않고 유지해 나가는 것이야말로 일본 학교체육의 저력일지도 모른다는 생각이 들었습니다.

 ## 줄부상

다시 한 번 해가 바뀌어 어느덧 아이는 주축선수로 활약해야 하는 2학년이 되었습니다. 16명의 동급생 아이들은 1년 사이 키도, 배구 실력도 훌쩍 자라 있었습니다. 4월에는 11명의 파릇파릇한 신입부원을 맞이하는 기쁨도 누렸습니다. 아이의 학년은 1년간의 활동을 통해 코몬 선생님들과 코치들에게 많은 칭찬을 받았습니다. 대회 성적을 떠나 경쟁심과 열정이 남다른 학년이라는 평가를 들은 것입니다. 다만 주전 경쟁이 점점 심화되는 분위기는 아이들에게나 부모들에게나 적지 않은 부담이 되었습니다. 2학년이 된 이후 배구부 아이들은 주전 경쟁에 밀리지 않으려고 더욱 열심히 운동했습니다. 그러다보니 여기저기 다치는 아이들이 늘어났습니다. 입단 초기, 몸싸움이 없어 부상위험이 적을 것이라고 예상했던 것과 달리 배구는 부상위험이 높은 운동이었습니다. 리시브를 위해 허리를 계속 숙이고 있어야 했고 디그를 위해 수시로 코트에 몸을 던져야 했습니다. 또한 끊임없이 점프를 하며 스파이크와 블로킹을 해야 했습니다. 아이들의 허리, 무릎, 팔목, 손가락 등이 온전할 수가 없었습니다. 특히 재개가 결정된 인터미들(전국중학교체육대회) 지역 예선전(6~7월)을 앞두고는 거의 매일 강도 높은 훈련이 이어졌습니다. 그런데 예선전을 맞이하기도 전에 부원 세 명이 큰 부상을 입고 말았습니다. 한 아이는 척추분리증, 한 아이는 무릎반월판 파열, 한 아이는 손가락 골절이라는 진단을 받고 각각 수술대에 오른 것입니다. 다행히 수술은 모두 성공적으로 끝났지만 세 명의 아이들은 최소 몇 개월의 재활이 필요하다는 진단을 받고 전력에서 이탈하고 말았습니다. 특히 척추와 무릎을 다친 두 아이는 주축 선수였기에 팀 전력의 공백을 피할 수 없었습니다. 수술대까지 오르지는 않더라도 경미한 부상을 입는 학생들이 끊임없이 발생했습니다. 아이 역시 파스와 붕대를 몸에 달고 살았고 미세골절을 당해 기브스를 하기도 했습니다.

아이는 리베로와 라이트라는 두 포지션을 오가고 있었습니다. 2학년이 되자 부카츠는 한층 높은 강도의 훈련과 빡빡한 일정의 스케줄로 채워져 있었습니다. 엘리트 운동부라고 봐도 무방할 것 같은 생각이 들 정도였습니다. 정상적인 학업과 병행하기에는 꽤 버겁게 느껴졌습니다. 부카츠 훈련을 마친 후 학원까지 다녀오면 밤 10시가 훌쩍 넘어 있었습니다. 하지만 모두가 그런 힘든 생활을 잘 버텨내고 있었습니다. 아이들은 학업과 운동부 활동만으로도 너무 바빴습니다. 그 흔한 일탈행위는 꿈도 꿀 수 없었습니다.

 ## 베스트8을 향해

아이들이 팀의 주축 선수가 되어가는 만큼 부모들 역시 덩달아 바빠졌습니다. 2학년이 된 이후에는 '연습시합과 대회'라는 투 트랙(?)이 한 주도 거르지 않고 이어졌습니다. 연습시합은 상대편 학교와 한 번씩 번갈아 가며 방문했지만 대회는 거의 다 외부 체육관에서 열렸습니다. 외부 경기가 늘어나는 만큼 부모들의 배차활동도 증가했습니다. 16명의 학부모들이 4개의 배차조를 구성해 로테이션으로 활동했음에도 한 달에 2번 이상 배차당번이 돌아오기도 했습니다. 학부모들의 봉사활동은 점점 더 많아지고 바빠졌습니다. 신기했던 것은 그럴수록 모두 먼저 나서서 섬기려 했다는 점입니다. 배구부라는 공동체 안에서 고생을 함께 할수록 학부모들 사이의 유대감은 깊어져 갔습니다. 그리고 모든 혜택은 자녀들에게 돌아가는 것이었습니다.

'일본의 학생 스포츠 활동이 이렇게 유지되는 것이구나!'

아이들도 다르지 않았습니다. 코트에서 함께 땀 흘려 온 시간이 쌓여갈수록 더욱 친밀한 관계가 되었고 우정은 깊어져 갔습니다. 아이의 학년에 특출한 운동능력이나 피지컬을 가진 학생은 없었습니다. 하지만 열정만큼은 어느 학교의 배구부에도 뒤지지 않았습니다. 연습시합을 거듭해 갈수록 승리하는 횟수도 점점 늘어 갔습니다. 아이는 시드배정이 결정되는 중요한 대회에 출전해 서브에이스를 연속으로 4개나 기록하는 큰 활약을 펼치기도 했습니다. 이전에는 도저히 이길 수 없는 상대라고 생각했던 학교와의 경기에서도 승리하기 시작했습니다. 부상으로 재활중인 아이들은 목발을 짚고서라도 훈련에 나와 동료 부원들을 위해 볼 운반 같은 잡무를 도와주었습니다. 배구부의 주축이 된 2학년 아이들은 분명한 목표를 세웠습니다. 그것은 시즈오카의 중학교 배구부 '베스트8'에 드는 것이었습니다(일본에서는 '8강' 대신 '베스트8'이라는 표현을 씁니다). 아이들의 땀방울이 코트에 흐르면 흐를수록 그 목표에 가까워질 것이라는 사실에는 의심의 여지가 없었습니다.

특별한 배려는 해 줄 수 없습니다

　필자의 두 아이는 일본어를 한 마디도 못하는 상태로 일본에 왔습니다. 가족이 살게 된 곳은 시즈오카의 중심가에서 약간 떨어진 곳으로 한국인은 전혀 볼 수 없는 동네였습니다. 아이들은 그런 곳에서 국제학교도 아닌 일반학교에 들어가야 한다는 사실을 받아들이기 어려워했습니다. 부모 입장에서도 모든 것이 생소한 곳에서 초등학교와 유치원을 새롭게 다녀야 하는 아이들에게 너무 미안한 마음이 들었습니다. 또 그 즈음 껄끄러워진 두 나라의 관계까지 괜히 걱정이 되었습니다. 한국인과 일본인은 외모도 은근히 차이가 있었습니다. 아이들은 전형적인 한국인 외모인지라 일본 아이들과는 분명히 느낌이 달랐습니다. 이래저래 걱정스러운 마음을 누를 길이 없어 입학할 학교에 미리 전화 상담을 해 보기로 했습니다. 외국학생이 편입하면 적응에 도움을 받을 수 있는 시스템이 있는지 알아보고 싶었습니다.

　"우리 학교에는 외국 학생이 한 명도 없습니다. 따라서 외국학생이 편입한다고 해도 특별한 배려는 해 줄 수 없습니다. 모든 생활을 일본 아이들과 똑같이 해야 합니다."

학교 직원의 냉정한 대답에 오히려 걱정이 더 커지고 말았습니다. 이사는 왔지만 한 동안 학교에 보내지 못하고 망설였습니다. 아이들에게 시간을 주고 싶었습니다. 동네 분위기에 익숙해지고 집에만 있는 것이 심심해지면 아이들이 스스로 학교와 유치원에 가고 싶어 할 것이라고 생각했습니다. 그렇게 약 3주의 시간이 흐른 뒤에 가까스로 큰 아이를 먼저 초등학교 4학년에 편입시켰습니다.

작은 아이는 2개월을 더 기다려야 유치원에 들어갈 수 있었습니다. 그리고 한 동안은 일본의 언어와 문화를 익히는데 적지 않은 고생을 했습니다. 하지만 다행히 두 아이 모두 일본 초등학교와 유치원 생활에 잘 적응해 주었습니다.

수영복을 입은 선생님들

학교 직원의 이야기와는 달리 막상 편입을 시키고 보니 일본 학교에는 외국인 학생의 적응을 돕는 활동이 있었습니다. 그 중 하나는 '일본어 교실'이었습니다. 아이는 방과 후 일본어 교실에서 주 2, 3회 일본어를 집중적으로 배울 수 있었습니다. 또 하나는 다름 아닌 활발한 체육활동이었습니다. 체육활동은 낯선 환경에 적응하는 데에 다른 어떤 것보다 큰 도움을 주었습니다. 물론 아이가 운동을 좋아한 덕분이기도 했습니다. 일본

학교의 체육활동은 너무 활발해서 운동을 싫어하는 아이들에게는 곤욕스러운 것일 수도 있겠다는 생각이 들 정도였습니다. 아무튼 운동하며 땀을 흘리는 그 순간에는 국적, 언어, 외모의 차이가 의미를 갖지 못하게 된다는 사실을 느낄 수 있었습니다.

초등학교와 중학교만 체육활동이 활발한 것은 아니었습니다. 작은 아이가 다닌 유치원도 체육활동이 무척 활발했습니다. 일본의 유치원은 대부분 운동장을 갖추고 있었습니다. 그리고 유치원생들은 운동장에서 피구나 줄넘기 같은 신체활동을 매일 했습니다. 유치원에 상시 근무하는 남자 선생님들은 아이들에게 체육활동을 열심히 시켜주었습니다. 또한 유치원도 초등학교와 마찬가지로 수영장을 갖추고 있었습니다. 7월부터 9월 초까지는 유치원 수영장에서 거의 매일 물놀이를 했습니다. 시즈오카에서 처음 맞이한 여름에 필자는 작은 아이를 유치원에 등원시키다 깜짝 놀란 적이 있었습니다. 유치원 선생님들이 전신타입의 수영복을 입고 아이들을 맞이하고 있었기 때문입니다. 그 때는 유치원에서 매일 물놀이가 있던 기간이었습니다. 그리고 선생님들도 직접 물에 들어가 아이들과 함께 놀아 주었습니다. 그래서 아침부터 아예 수영복을 입고 계셨던 것입니다. 유치원 선생님들의 열정에 감탄하지 않을 수가 없었습니다. 작은 아이는 초등학교에 입학한 후 방과 후에 학교 체육관에서 가라테를 배웠습니다. 일본 초등학교에서는 1학년 때부터 방과 후에 야구, 농구, 축구, 가라테 등의 운동부 활동을 할 수 있었습니다. 비용은 한 달에 2천엔(약2만원)에 불과했습니다. 일본을 '학교 체육의 천국'이라고 부르는 이유를 충분히 납득할 수 있었습니다.

▶ 초등학교의 수영수업 모습

운동하는 아이가 각광받는 학교

심리학 용어 중에 스티그마 효과와 로젠탈 효과라는 것이 있습니다. 스티그마 효과란 부정적으로 낙인찍힌 아이는 점점 더 나쁜 행동을 보인다는 이론으로 일탈 행동을 설명할 때 자주 사용됩니다. 반대로 로젠탈 효과란 칭찬의 긍정적인 효과를 설명하는 이론입니다. 타인의 기대나 관심으로 인해 능률이 오르거나 결과가 좋아지는 현상을 설명할 때 사용됩니다. 체육활동이 부족한 학교에서 활동적인 아이들은 스티그마 효과를 경험하기 쉽습니다. 정적인 활동 위주의 교실 안에서 좋은 평가를 받기 어렵기 때문입니다. 활동성 때문에 교사의 꾸지람을 듣는 횟수가 늘어나면 자신의 활달함을 나쁜 것으로 인식하게 됩니다. 부정적인 낙인을 경험하는 것입니다. 활동적인 아이들은 신체활동을 통해 교사와 친구들에게 인정받고 싶어 합니다. 하지만 학교의 체육활동이 부족하면 기회를 제공받지 못한다고 느끼게 됩니다. 다름 아닌 필자의 큰 아이가 경험했던 일입니다.

체육활동이 많은 일본 학교에서는 활동적인 아이들이 오히려 인기가 있었습니다. 운동하는 학생들이 워낙 많으니 운동을 좋아하거나 잘 하는 아이들이 각광 받는 분위기였습니다. 대부분이 공부만 하는 한국에서 공

▶ 초등학교 운동회 모습. 서서 관람하는 부모들의 모습에서 열기가 느껴진다.

부 잘 하는 아이들이 각광 받는 것과 똑같은 이치였습니다. 한국 초등학교에서 3학년 때까지 운동부족으로 고생하던 아이는 일본 초등학교 4학년에 편입을 하자마다 매일 아침 운동장을 뛰게 되었습니다. 체벌을 받은 것이 아닙니다. '챌린지 러닝'이라는 학교의 체육활동이었습니다. 몸을 움츠리고 생활하지 말자는 교육적인 취지가 담긴 프로그램이었습니다. 정규 체육수업은 시수가 넉넉했고 충실하게 진행되었습니다. 체육수업을 통해 아이는 수영과 유도를 배웠습니다. 방과 후에는 스포츠소년단과 부카츠라는 본격적인 운동부 활동이 이어졌습니다. 아이는 외국인이라는 사실에 조금도 주눅 들지 않고 누구보다 열심히 운동을 했습니다. 덕분에 주변으로부터 많은 칭찬과 격려를 받으며 생활할 수 있었습니다. 운동을 통해 성취감을 맛보기 시작한 아이는 자신에게 찍혀있던 부정적인 낙인을 떨쳐내기 시작했고 바닥을 쳤던 자신감도 회복하기 시작했습니다. 스티그마 효과를 경험하다가 로젠탈 효과를 경험하게 된 것입니다. 일본의 학교들은 코로나19의 유행에도 소독과 마스크 착용 등의 방역작업을 철저히 하며 정상적으로 체육수업을 진행했습니다. 부카츠 같은 방과 후 체육활동도 마찬가지였습니다. 긴급사태가 발령되면 모두 마스크를 착용하고 훈련에 임했습니다. 학교 운동회 역시 약식으로라도 반드시 진행했습니다. 전염병이 유행하는 상황에서 체육활동을 강행하는 것이 시각에 따라서는 좋지 않게 보일 수도 있습니다. 분명한 사실은 일본 학교가 체육활동을 얼마나 중요하게 생각하는지 증명해 주는 일이었다는 점입니다.

 ## 긍정적인 변화들

친구들과 우정을 쌓고, 팀워크를 배우고, 노력한 만큼의 성장과 성취감을 경험한 것은 아이가 운동을 통해 얻은 가장 값진 열매들이었습니다. 운동을 마음껏 할 수 있는 환경에서 아이는 건강, 성품, 생활적인 면에서도 긍정적인 변화를 보여주었습니다. 우선 학교 수업시간에 잘 앉아 있을 수 있게 되었습니다. 운동을 할 기회가 없었던 초등학교 저학년 때, 아이는 다리가 근질거린다며 책상에 제대로 앉아 있지를 못했습니다. 그로 인해 교사들에게 자주 혼이 났습니다. 다리 근육에 무슨 문제라도 있는지 걱정도 많이 했었습니다. 그런데 축구를 시작하면서 다리가 근질거리는 현상이 좋아지기 시작했고 나중에는 완전히 사라지게 되었습니다. 덕분에 수업시간에도 잘 앉아 있을 수 있게 되었습니다. 생활리듬도 건강하게 바뀌었습니다. 축구소년단과 배구부는 훈련양이 상당했기 때문에 체력을 잘 관리해야 했습니다. 불규칙한 생활을 해서는 훈련을 제대로 감당할 수 없었습니다. 주말에도 아침 일찍 대회에 나가야했기 때문에 늦잠을 잘 수 없었습니다. 운동을 시작한 이후로 아이는 시험기간만 제외하고 오후 9시 경에 잠자리에 들었습니다. 그리고 평일은 오전 7시에 규칙적으로 일어났고 주말에는 대회출전을 위해 더 빨리 일어났습니다. 뒷바라지를 하려면 부모도 규칙적인 생활리듬을 만들어야 했습니다. 운동부 활동 덕분에 가족 전체가 일찍 자고 일찍 일어나는 생활을 했습니다. 아이는 운동을 시작한 이후 핸드폰도 멀리했습니다. 저학년 때는 부모의 핸드폰을 붙잡고 살았을 뿐 아니라 핸드폰을 사 달라고 심하게 조르기도 했습니다. 그런데 4학년 때 축구를 시작한 이후로는 핸드폰에 대한 관심이 사라져 버렸습니다. 하루하루 축구소년단 활동에 빠져 지낸 덕분이었습니다. 중학교에 올라가서도 배구부 활동에 몰입해 지내느라 핸드폰 사달라는 이야기를 좀처럼 꺼내지 않았습니다. 식욕도 크게 변화되었습니다. 운동을 시작하기 전에는 가리는 음식과 반찬 투정이 많은 편이었습니다. 집에서

해 주는 밥은 거의 먹지 않고 인스턴트만 좋아하는 아이였습니다. 그런데 운동을 시작한 후로는 반찬투정이 사라지고 밥을 잘 먹게 되었습니다. 특히 집에서 엄마가 해 주는 밥이 인스턴트보다 맛있고 운동할 때 더 힘이 난다며 아주 좋아하게 되었습니다. 신체적으로 건강해진 것은 말할 것도 없고 짜증을 내는 횟수조차 눈에 띄게 줄었습니다.

단. 이러한 긍정적인 변화들이 오로지 체육활동에만 기인한 것은 아니었습니다. 운동 뿐 아니라 부모, 교사, 환경의 변화 등 다른 요소의 영향도 있었습니다. 특히 핸드폰에 대한 관심이 적어진 부분은 주변 환경의 영향을 무시할 수 없었습니다. 아이가 다녔던 시즈오카의 초등학교에는 6학년까지 핸드폰을 가지고 있는 아이가 거의 없었습니다. 학부모들은 물론 아이들도 '초등학생에게 핸드폰은 안 된다'는 의식을 공유하고 있었습니다. 주변 환경이 그러니 핸드폰에 대한 관심이 떨어질 수밖에 없었습니다.

이쯤에서 필자는 부모이기 이전에 한 명의 교육자로서 나름의 평가로 일본 학교의 부카츠 체험기를 마무리하고자 합니다. 필자의 아이가 운동을 통해 긍정적인 변화를 경험할 수 있었던 것은 무엇보다 아이 본인이 운동을 간절히 원했고. 그 욕구가 채워졌기 때문이라고 생각합니다. '운동' 그 자체가 모든 사람을 긍정적으로 변화시킬 수 있는 마법 같은 존재라고 생각하지는 않습니다. 사람에 따라서 운동이 아니라 음악, 미술, 독서 등 다른 것이 그런 존재가 될 수도 있을 것입니다. 부카츠는 체육계열의 부(部)뿐 아니라 문화예술, 사회과학, 학술 방면의 부(部)도 있기 때문에 다양한 적성을 가진 아이들에게 다양한 교육적 기회를 제공하고 있습니다. 물론 1부에서 이야기한 바와 같이 사람마다 부카츠에 대한 평가는 다릅니다. 일본에 거주하는 외국인들은 부카츠 때문에 휴일도 없고, 가족 여행을 갈 시간도 없다며 이해할 수 없다는 반응을 보이는 사람들도 있습니다. 운동부의 경우 훈련과 시합이 너무 많아 공부를 병행하는 학생들의 생활이 과부하에 놓이는 면도 분명 있습니다. 부상이나 신체적인 부작용이 생길 위험성 또한 안고 있습니다. 그러나 청소년이란 어차피 어딘가에는 열정을 쏟고 싶어 하는 존재입니다. 그들을 건전한 활동에 몰입하도록 유도하는 일본 학교의 부카츠는 긍정적으로 평가받을 가치가 충분하다는 것이 필자의 견해이자 2부의 결론입니다.

3

부카츠를
탐구하다

학교체육의 천국, 일본

　일본 학생들은 누구나 체육활동을 마음껏 즐길 수 있는 환경 속에서 성장합니다. 그리고 그런 환경의 밑바탕에는 학부모, 교사, 지역사회의 노력과 희생, 그리고 지원이 있습니다. 운동을 통해 아이가 변화되는 모습을 지켜보면서 필자는 일본의 학교체육활동에 대해 더 자세히 알고 싶다고 생각했습니다. 축구소년단과 배구부를 직접 체험하며 배운 것이 적지는 않았지만 경험만으로 알 수 있는 지식은 한정되어 있었습니다. 그래서 자료를 모아보기로 하고 서적과 인터넷을 찾아보며 정보를 축적해 나갔습니다. 그리고 그 무렵부터 일본인 지인들을 만날 일이 있으면 꼭 학창시절의 부카츠에 관해 물어 보았습니다. 일본의 학교체육활동은 탐구하면 탐구할수록 끝이 보이지 않는 거대하고 광범위한 것이었습니다. 3부는 일본의 학교체육활동, 그 중에서도 부카츠를 중심으로 탐구해 온 내용을 정리한 보고서 같은 글입니다. 딱딱할 수도 있지만 흥미로운 내용도 많으므로 일독해 보시길 권장합니다.

부카츠의 개념과 기원

일본 문부과학성의 학습지도요령에는 부카츠의 개념을 다음과 같이 정의하고 있습니다.

'학교 교육의 일환으로서 스포츠나 문화, 학문계에 흥미와 관심을 가진 학생들이 교원의 지도하에 방과 후에 자발적, 자주적으로 활동하는 것'

또한 부카츠의 내용에 관해서는 '스포츠, 문화, 과학에 대한 친밀도를 높이고 교육과정과의 연계를 도모할 것'이라고 되어 있습니다. 부카츠는 초등, 중등, 고등교육기관에서 모두 사용되지만 중, 고등교육기관에 비해 초등학교에서는 상대적으로 쓰이지 않는 편입니다. 부카츠와 비슷한 의미의 용어로는 '크라부카츠도(クラブ活動, 클럽 활동)', '사쿠루카츠도(サークル活動, 써클활동)' 등이 있습니다. 같은 흥미를 가진 학생들의 활동이라는 큰 틀에서는 모두 같은 개념입니다.

부카츠의 기원은 일본의 근대시대인 메이지시대(1868년~1912년)로 거슬러 올라갑니다. 메이지시대 초기, 외국인 교사나 유학 경험이 있는 일본인들에 의해 야구, 테니스 등의 서양 스포츠가 일본에 소개되기 시작했습니다. 당시는 어디까지나 개인 활동으로서의 스포츠였을 뿐 조직화 된 '부(部)'의 형태는 아니었습니다. 일본의 교육기관에 조직화된 운동부 의 형태가 나타나기 시작한 것은 1880년대부터였습니다. 공식적인 일본 최초의 학교 운동부는 1883년에 도쿄대학에서 발족한 '조정부'였다고 합 니다. 야구는 1872년 미국인 교사 호레이스 윌슨에 의해 처음 소개되었 으나 조직화된 야구부는 1883년 기후현립기후고등학교(岐阜県立岐阜高 校)의 야구부가 시초로 알려져 있습니다. 운동부 활동을 조직화하여 교육 과정에 편입시키려는 시도도 그 즈음 시작되었는데, 주로 사범계열의 고 등교육기관에서 적극적으로 진행되었습니다. 도쿄고등사범학교는 1896 년에 '운도카이(運動会, 운동모임)'를 결성하여 유도부, 검술부, 기계체조 부, 스모부, 테니스부, 축구부, 야구부, 자전거부의 8개 운동부를 두고 학 생들에게 1개의 부에 의무적으로 가입하도록 했습니다. 도쿄고등사범학 교의 이러한 방침은 이후 수많은 학교의 운동부 조직에 영향을 끼쳤습니 다. 1968년에는 일본 문부성의 학습지도요령에 현재의 부카츠와 같은 개 념의 교육활동이 처음으로 등장했습니다. 당시의 용어는 부카츠가 아닌 '클럽활동'이었으며 '모든 학생은 한 가지의 클럽에 소속되어 활동할 것' 이라고 기술되어 있었습니다. 현재의 부카츠는 그 때와는 달리 학생들의 '자발적인 참여'를 전제로 하고 있는 교육활동입니다. 그럼에도 실제로는 대다수의 학생들이 참여하고 있는데 이는 부카츠의 초기발달과정에서 형성된 '운동은 필수'라는 인식이 뿌리 깊게 자리 잡은 영향이 아닌가 생각됩니다.

나카자와 아츠시 교수는 일본사회에 부카츠가 확산된 이유로 3가지의 배경을 꼽습니다. 첫 번째는 전후개혁시대 학생들의 자주성을 보장하려 한 '민주주의'입니다. 두 번째는 1964년 도쿄올림픽 이후 모든 학생들에게 스포츠 활동의 기회를 부여하고자 한 '평등주의'입니다. 세 번째는 부카츠를 통해 청소년들의 비행을 관리하고자 한 '관리주의'입니다.

▶ 초등학교 야구부 학생들의 경기. 일본 학교에서 일상적으로 볼 수 있는 모습이다.

오늘날의 부카츠

오늘날 일본 교육기관의 부카츠는 크게 체육계열의 활동과 문화계열의 활동으로 양분되어 있습니다. 전통적으로 체육계열의 부카츠가 문화계열의 부카츠보다 부(部)의 종류도 많고 참여하는 학생 수도 더 많습니다. 그러나 현재 고등학교 여학생의 경우 문화계열에 참여하는 학생 수가 체육계열에 참여하는 학생 수를 근소하게 앞서는 추세입니다.

체육계열의 부카츠들은 학령별로 중, 고, 대학체육연맹에 소속되어 있습니다. 동시에 종목별 연맹체나 협회가 별도로 존재합니다. 체육계열의 부카츠는 연맹 혹은 협회를 중심으로 조직화되어 전국적인 네트워크 속에서 활동합니다. 체육계열의 부카츠 활동은 크게 '훈련과 시합'이라는 두 카테고리로 나눌 수 있습니다. 모든 부카츠는 학업과 병행하는 시스템이므로 훈련은 방과 후, 시합은 주말에만 개최합니다. 시합은 다시 연습시합과 공식전의 두 가지로 나눌 수 있습니다. 연습시합은 인근 학교와 진행하는 것이 일반적이지만, 다른 도시의 학교를 초청하거나 다른 도시에 방문해 치르는 경우도 있습니다. 공식전이란 해당 종목의 연맹이나 협회에서 주관하는 대회를 말합니다. 공식전에는 리그전, 현(県)대회, 블록대회, 전국대회의 예선과 본선, 시드전 등 수 많은 종류가 있으며 종목과 지역에 따라 대회의 종류, 수, 규모는 모두 다릅니다. 그 밖에 각종 컵 대회 등도 있습니다. 체육계열 부카츠에 소속된 학생들은 해당종목의 연맹이나 협회에 선수등록을 하며 공식전의 경기 결과는 기록으로 남게 됩니다. 체육계열 부카츠의 학생들은 1학년 때는 주로 후보 선수로, 2, 3학년 때는 주축선수로 활동하며 3학년 학생들은 여름에 은퇴합니다. 체육계열 부카츠에 들어가면 많은 시합에 출전하면서 학창시절을 보내게 됩니다. 〈슬램덩크〉를 비롯한 일본의 스포츠 만화들은 대부분 중, 고등학교의 체육계열 부카츠를 소재로 하고 있습니다. 특히 '시합'을 둘러싸고 벌어지는 내용이 많습니다. 문화계열 부카츠의 규모도 만만치 않습니다. 문화계열 부카츠 역시 평일에는 정기적인 모임을 가지고 주말에는 대회나 공연 등을 개최합니다.

일본 고등학생들의 올림픽, 인터하이

광범위한 부카츠의 영역 중 가장 먼저 고등학교 체육계열 부카츠 이야기부터 시작해 보겠습니다. 고등학교 체육계열 부카츠는 고등학교체육을 총괄하는 전국고등학교체육연맹 산하에서 체계적으로 운영되고 있습니다. 고등학교 체육계열 부카츠에 대한 감을 잡기 위해서는 '인터하이'[**]

[**] Inter-High School Championships의 줄임말로 매년 8월을 중심으로 개최된다.

라고 불리는 '전국고등학교종합체육대회'를 중심으로 이야기를 풀어 나가면 좋을 것 같습니다. 일본 고등학생들의 올림픽이라고 할 수 있는 인터하이는 전국고등학교체육연맹이 주최하는 대회로 1963년에 시작되었습니다.

일본의 47개 도도부현(都道府県)**에서 학기 초부터 진행되는 지역예선전을 거쳐 최종 선발된 각 지역의 대표 선수들이 매년 8월에 열리는 본선에 진출하는 방식입니다. 8월의 인터하이 본선을 간단히 '전국대회'라고 부르기도 합니다. 인터하이라고 하면 보통 8월의 전국대회만을 떠올리는 사람이 많지만 원칙적으로는 지역예선도 인터하이에 포함됩니다.

인터하이의 규모는 어마어마합니다. 2019년 일본의 전체 고등학생 수는 약 317만 명이었습니다. 도쿄대 사회과학연구소의 발표에 의하면 전국 남고생의 약 48~49%가 체육계열 부카츠에 소속되어 있습니다. 여고생의 경우 약 30~31%가 체육계열 부카츠에 소속되어 있습니다. 각 학교의 부카츠들이 예외 없이 인터하이의 예선에 참여한다는 점을 고려해 추산해 보면 전국 고등학생의 약 38%인 120만 여명이 참여한다고 볼 수 있습니다. 8월의 인터하이는 하계대회로 약 33개의 종목을 개최합니다.

진행은 올림픽의 진행방식과 유사합니다. 개최도시에 주회장(主会場)

** 일본의 광역자치단체를 지칭하는 말로 홋카이도(北海道), 도쿄도(東京都), 오사카부(大阪府), 교토부(京都府) 및 43개의 현(県)으로 나뉜다.

을 두고 개최도시 인근의 여러 도시에서 종목별로 대회를 개최합니다.

1월과 2월에는 2개의 동계종목(스키, 스케이팅)도 개최합니다. 역전경주(駅伝競走)와 럭비는 인터하이의 한 종목이지만 전국대회는 인터하이와는 별도로 개최합니다. 역전경주는 매년 12월에 교토시(京都市)에서 '전국고등학교역전대회'가 열리며 럭비는 매년 12월에서 1월 사이에 오사카시(大阪市)에서 '전국고등학교럭비풋볼대회'가 열립니다. 정리하자면 인터하이는 하계 33종목과 동계 2종목, 그리고 역전경주와 럭비를 포함해 약 37개 종목의 대회를 개최한다고 볼 수 있습니다.

 ## 인터하이 소속이 아닌 종목들

인터하이에 소속되어 있지 않은 체육계열 종목도 많습니다. 그 중 전국대회가 열리는 종목만 해도 20여개에 이릅니다. 대표적인 것이 야구와 아메리칸풋볼입니다. 고등학교 야구는 일본고등학교야구연맹 소속이며 세부적으로 남자경식, 남자연식, 여자경식, 여자연식 경기로 나눌 수 있습니다. 통칭 '고시엔'**이라고 불리는 '전국고등학교야구선수권대회'는 고등

** 고시엔(甲子園)이란 효고현(兵庫県) 니시노미야시(西宮市)에 있는 한신고시엔구장 (阪神甲子園球場)이라는 야구장의 약칭이다. '고시엔'은 '한신고시엔구장'의 약칭이자, '전국고등학교야구선수권대회'의 통칭으로 사용되고 있다.

학교 남자경식야구대회를 의미합니다. 고등학교 아메리칸풋볼(미식축구)은 일본고등학교아메리칸풋볼연맹 소속입니다. 통칭 '크리스마스볼'이라고 부르는 '전국고교아메리칸풋볼선수권대회'를 독립적으로 개최하고 있습니다. 인터하이 소속이 아닌 체육계열 종목은 대략 아래와 같습니다.

남자경식야구, 남자연식야구, 여자경식야구, 여자연식야구, 아메리칸풋볼, 여자축구, 트램펄린, 골프, 볼링, 트라이애슬론, 총검도, 컬링, 파워리프팅, 암레슬링(팔씨름), 일본권법, 체도(躰道), 라이플사격, 승마, 여자역도, 그레코로만 레슬링, 비치발리볼 등

인터하이에 소속되어 있는 종목(37개)과 소속되어 있지 않은 종목을 합치면 무려 60개에 육박합니다. 일본 고등학교의 체육계열 부카츠(운동부)는 이렇게 60개 안팎의 종목 중에서 각 학교의 상황에 맞게 선택적으로 운영됩니다. 적게는 10개 이하의 종목을 운영하는 학교부터 많게는 30개 종목 이상 운영하는 학교도 있습니다. 일반적으로 공립 고등학교보다는 사립 고등학교가 더 많은 부카츠를 운영하며 강팀도 많은 편입니다. 특히 재단이 튼튼한 명문 사립학교일수록, 학력이 높은 명문학교일수록 부카츠도 더욱 활성화되어 있습니다. 예컨대 명문 사립학교인 게이오기쥬쿠(慶応義塾)고등학교는 무려 50개 종목의 체육계열 부카츠를 운영하고 있으며, 야구 강호이기도 합니다. 2020년까지 39년 연속 도쿄대학교 합격자수 1위를 기록한 도쿄의 가이세이(開成)고등학교도 22개 종목의 체육계열 부카츠를 운영하고 있습니다.

고등학교 체육계열 부카츠의 규모

아래의 표는 인터하이에 소속되어 있는 35개 종목의 규모를 조사한 것입니다. 역전경주와 럭비는 제외되어 있습니다. 2019년 자료이며 일본 고등학교 체육계열 부카츠의 규모를 잘 알 수 있는 자료입니다. 그러나여기에는 야구를 비롯한 인터하이 소속이 아닌 종목들은 제외되어 있으므로 일본 고등학교 체육계열 부카츠 규모는 실제로 이보다 훨씬 더 크다고할 수 있습니다. 이 표를 보고 난 후 조금 더 이야기를 이어 나가겠습니다.

인터하이 종목별 등록학교(팀)의 수와 남녀 등록선수의 수 **

	남자부 (공학+남고)	남자선수 수	여자부 (공학+여고)	여자선수 수	남녀선수합계
육상부	4,237개교	66,868명 (3위)	3,854개교	38,960명 (4위)	105,828명 (4위)
체조부	298개교	1,957명	423개교	2,718명	4,675명
신체조부	58개교	508명	274개교	2,004명	2,512명
수영(경영)부	2,122개교	21,131명	1,893개교	12,737명	33,868명
수영(다이빙)부	14개교	16명	28개교	31명	47명
수영(수구)부	93개교	1,292명	없음	없음	1,292명
농구부	4,390개교 (1위)	87,524명 (2위)	3,891개교 (1위)	56,132명 (2위)	143,656명 (2위)
배구부	2,806개교	45,158명	3,852개교	57,103명 (1위)	102,261명 (5위)
탁구부	4,127개교	53,728명	3,453개교	22,600명	76,328명
소프트테니스	2,648개교	46,122명	2,772개교	33,308명 (5위)	79,430명

** 전국고등학교체육연맹 홈페이지(https://www.zen-koutairen.com/)의 통계자료

핸드볼부	1,215개교	26,717명	901개교	15,916명	42,633명
축구	4,038개교	162,397명 (1위)	667개교	10,991명	173,388명 (1위)
배드민턴부	3,692개교	65,742명 (4위)	3,838개교	55,986명 (3위)	121,728명 (3위)
소프트볼	276개교	4,409명	1,328개교	19,405명	23,814명
스모부	160개교	951명	없음	없음	951명
유도부	1,917개교	14,001명	1,086개교	3,903명	17,904명
스키부(동계)	301개교	1,414명	224개교	727명	21,141명
스케이팅부(동계) (스피드+피겨+아이스하키)	120개교	905명	173개교	420명	1,325명
보드부	215개교	3,023명	193명	1,768명	4,791명
검도부	3,165개교	24,298명	2,801개교	14,137명	38,435명
레슬링부	247개교	2,101명	102개교	276명	2,377명
궁도부	1,903개교	30,122명	1,920개교	32,156명	62,278명
테니스부	2,825개교	53,784명 (5위)	2,577개교	33,187명	86,971명
등산부	718개교	8,779명	447개교	2,706명	11,485명
자전거경기부 (트랙+로드)	249개교	1,822명	87개교	173명	1,995명
복싱부	289개교	1,907명	없음	없음	1,907명
하키부	93개교	1,891명	80개교	1,358명	3,249명
역도부	197개교	1,564명	120개교	453명	2,017명
요트부	101개교	980명	78개교	385명	1,365명
펜싱부	165개교	1,388명	145개교	998명	2,386명
가라테부	766개교	4,903명	636개교	3,651명	8,554명
양궁부	233개교	2,578명	229개교	1,560명	4,138명
나기나타부	없음	없음	167개교	1,476명	1,476명
카누	144개교	1,167명	111개교	506명	1,673명
소림사권법부	229개교	1,396명	200개교	1,313명	2,709명

인터하이 소속 35개 종목의 남녀선수의 합은 119만 587명으로 약 120만 명입니다. 이중 가장 많은 남자 고등학교 선수를 보유한 종목은 축구입니다. 무려 16만 명이 넘습니다. 세계에서 가장 많은 인구가 즐기는 스포츠인 만큼 일본 고등학생들의 부카츠 인구 면에서도 압도적인 규모를 자랑합니다. 가장 많은 여자 고등학교 선수를 보유한 종목은 배구로 약 5만 7천명의 선수가 있습니다. 여자배구는 일본의 전통적인 인기종목입니다. 부카츠 자체의 수는 남녀 모두 농구부가 가장 많습니다. 남자부의 경우 조사년도 기준 무려 4,390개 학교에서 운영을 하고 있습니다. 이는 일본 전국 고등학교 수 약 4,887개교의 90%에 달하는 수치입니다. 웬만한 고등학교에는 농구부가 다 있다는 이야기입니다. 여자부의 경우 3,891개 학교에 농구부가 있었습니다. 남자부 기준 4,000개 이상의 팀이 운영되고 있는 종목은 육상, 탁구, 축구가 있으며 잠시 후 따로 설명할 야구도 있습니다. 여자부 기준 3,500개 이상의 팀이 운영되고 있는 종목은 육상, 배구, 배드민턴입니다. 탁구도 3,453개 팀이나 됩니다. 일본 여고생들의 스포츠 활동이 얼마나 열성적인지 확인할 수 있는 부분입니다.

종목별로 저변이 이렇게 두텁다 보니 인터하이는 47개 도도부현에서 몇 개월에 걸쳐 지역예선을 치르게 됩니다. 8월의 본선에는 지역예선에서 선발된 대표학교, 대표선수들만 참가합니다. 2019년에 인터하이의 본

선무대를 밟은 남녀 전체인원수는 약 3만 명이었습니다. 예선전에 참여하는 전체인원을 120만 명으로 잡았을 때 본선 출전율은 2.5%에 불과한 것입니다. 특히 대중적이면서 인기 스포츠라고 할 수 있는 축구(0.67%), 배드민턴(0.68%), 테니스(0.77%), 농구(0.87%)는 전국 선수 규모 대비 출전율이 1%도 되지 않습니다. 그 밖에도 전체 선수 대비 5%이하의 본선 출전율을 보이는 종목이 10종목(육상, 배구, 탁구, 소프트테니스, 핸드볼, 유도, 스키, 검도, 궁도, 등산)이나 되었습니다. 이러한 종목들은 본선에 진출하기 위한 지역예선이 매우 치열하게 전개될 것이라는 것을 짐작할 수 있습니다. **

 4천개가 넘는 고등학교 야구부

야구는 명실 공히 일본 최고의 인기 스포츠입니다. 특히 고등학교 야구는 프로 야구에 뒤지지 않는 대중적인 인기를 가지고 있는 것으로 유명합니다. 일본고등학교야구연맹의 홈페이지에 올라와 있는 자료에 의하면, 2019년 기준 경식(硬式)야구 부카츠가 있는 고등학교는 3,957개교이며, 등록선수는 143,867명입니다. 연식(軟式)야구 부카츠가 있는 고등학

** 인터하이 본선에 관한 통계자료는 책 뒤의 부록에 실려 있음.

▶ 고등학교 야구부 학생들의 모습

교는 416개교이며, 등록선수는 8,214명입니다. 경식과 연식**을 합칠 경우, 전국에 야구 부카츠가 있는 학교는 무려 4,373개교에 달합니다. 농구부와 거의 같은 수치로 전국고등학교의 90%에 달하는 수치입니다. 등록선수 또한 경식과 연식을 합쳐 152,081명으로 축구에 이어 두 번째로 많습니다. 야구는 일본 내 전국구 인기를 누리는 스포츠입니다. 하지만 그중에서도 열기가 가장 높은 지역은 전통적으로 오사카를 첫 손에 꼽습니다. 오사카에는 야구 강호로 유명한 고등학교들도 많이 있습니다. 전, 현

** 경식야구란 코르크소재의 단단한 일반 야구공을 사용하는 것. 연식야구란 고무소재의 부드러운 야구공을 사용한다.

직 메이저리거 투수인 노모 히데오, 구로다 히로키, 다르빗슈 유, 마에다 겐타 등이 모두 오사카 출신입니다.

모든 부카츠가 그렇듯이 고등학교 야구부도 공부와 병행하는 방과 후 활동입니다. 따라서 4,300개가 넘는 야구부의 90%정도는 동호회 수준으로 알려져 있습니다. 하지만 야구는 프로리그가 활성화된 인기 스포츠로 유망주의 발굴과 육성을 중요하게 여기는 종목입니다. 세계청소년야구대회 등에 출전해 일본야구의 위상을 지켜야 하는 사회적인 과제도 있습니다. 따라서 소위 '야구 명문고'라고 불리는 일부 학교들의 수준은 매우 높다고 할 수 있습니다. 야구 명문고는 대개 야구부를 전폭적으로 지원하는 재단을 가진 사립학교인 경우가 많습니다. 간혹 공립학교 중에도 전통의 야구 명문고들이 존재합니다. 야구 명문고들은 중학교 유망주를 스카우트하고 전문 코치진을 두고 훈련합니다. 또한 청소년 대표나 프로선수를 배출해야 하다 보니 사실상 엘리트운동부에 가깝게 운영되고 있습니다. 그러나 어떤 학교의 야구부라고 해도 학교 수업에는 반드시 정상적으로 참여합니다. 이는 일본 학생 스포츠계의 불문율이라고 할 수 있습니다.

▶ 한신고시엔구장의 모습

국민적 대축제, 고시엔(甲子園)

부카츠를 주제로 글을 쓰면서 '고시엔(甲子園)' 이야기를 빼놓을 수 없어 간략하게 소개하고자 합니다. 이미 언급한 대로 고시엔이란 '전국고등학교야구선수권대회'의 통칭입니다. 1915년 1회 대회를 시작으로 2018년에 100회 대회를 개최하였습니다.** 프로야구 한신타이거즈의 홈구장인 한신고시엔구장(阪神甲子園球場)에서 열리는 이유로 '고시엔'이라 불리게 되었습니다. '고시엔'은 두 대회를 일컫는 말입니다. 3월에 열리는

** 2차 세계대전 기간 중이던 1941년~1945년에는 열리지 않았으며 코로나19로 인해 2020년에도 열리지 못했다.

'선발고등학교야구대회'와 8월에 열리는 '전국고등학교야구선수권대회' 가 그것입니다. 전자를 '봄의 고시엔(春の甲子園)', 후자를 '여름의 고시엔 (夏の甲子園)'이라고 부릅니다. 흔히 그냥 '고시엔'이라고 하면 여름의 고 시엔, 즉 전국고등학교야구선수권대회를 지칭합니다. 여름 고시엔은 47 개 도도부현별 지역예선 토너먼트의 최종 우승학교들이 한 자리에 모이 는 대회입니다. 도도부현 중에 규모가 큰 도쿄도(東京都)와 홋카이도(北 海道)에서는 2개교씩 출전하고, 나머지 부(府)와 현(県)에서는 1개교씩만 출전하여 총 49개교가 고교야구의 최강자 자리를 놓고 진검승부를 벌이 는 것입니다.** 참고로 카나가와현(神奈川県)은 200:1, 오사카부(大阪 府)와 아이치현(愛知県)은 180:1이 넘는 지역예선 경쟁률을 뚫어야만 고 시엔 무대를 밟을 수 있다고 합니다. 고시엔은 일본인들의 여름을 상징하 는 '국민적 대축제'로 불릴 정도로 엄청난 인기를 누리고 있습니다.

고시엔 진출은 선수 개인에게 최고의 영광인 동시에 지역사회의 경사 로까지 인식됩니다. 고시엔에 진출한 학교가 있는 지역은 일정기간 축제 분위기에 휩싸이게 된다고 합니다. 또한 고시엔 무대에서의 활약은 야구 명문대학으로의 스카우트나 프로구단의 지명과도 직접적인 연관성을 가 집니다. 그러다 보니 일부 중학교 야구 유망주들은 고시엔 진출을 위해 고등학교 예선경쟁이 치열한 지역을 떠나 경쟁이 덜한 다른 지역으로 야

** 2019년까지 105년간 47개 도도부현중 단 한 번도 고시엔 우승을 해 보지 못한 현(県)이 19개에 이른다.

구유학을 감행하는 경우도 있습니다. 예컨대 야구 명문고가 많은 오사카 출신의 다르빗슈 유는 중학교 졸업 후 오사카를 떠나 도호쿠(東北)지방의 고등학교로 야구유학을 감행했습니다. 역시 격전지인 효고현 출신의 다나카 마사히로도 2개의 고등학교가 고시엔에 출전할 수 있는 홋카이도로 야구유학을 떠났습니다.[**] 두 선수 모두 결과적으로 고시엔 진출에 성공하였고 훗날 일본프로야구를 거쳐 미국 메이저리그에서도 특급 선수들이 되었습니다.

 17만 명의 선수를 보유한 고교축구

가장 많은 남자 고등학교 선수를 보유하고 있는 축구는 야구에 이어 명실상부 일본 제2의 인기스포츠입니다. 고등학교 축구 부카츠 역시 전국적으로 4,000개가 넘습니다. 웬만한 고등학교에는 다 있다고 생각하면 됩니다. 등록된 선수 수는 남녀를 합쳐 17만 명을 훌쩍 넘습니다. 일본 내에서 축구 열기가 높은 지역은 단연 시즈오카를 첫 손에 꼽습니다. 일본축구의 상징적 인물인 미우라 가즈요시를 비롯해, 월드컵에 4회 연속 출

** 나무위키에서 참조. 2019년까지 고교야구의 지역별 랭킹은 1위 오사카부(여름 고시엔 우승13회, 준우승5회), 2위 아이치현(여름 고시엔 우승8회, 준우승1회), 3위 가나가와현(여름 고시엔 우승7회, 준우승3회), 4위 효고현(여름 고시엔 우승7회, 준우승3회)이다.

전했던 골키퍼 가와구치 요시카츠, 3회 연속 출전했던 오노 신지 등이 시즈오카 출신입니다. 한국 프로축구에서 뛰기도 했던 다카하라 나오히로 역시 시즈오카현 출신입니다.

고등학교 야구에 고시엔이라는 대회가 있다면 고등학교 축구에는 '전국고등학교축구선수권대회'가 있습니다. 1918년에 열린 '일본풋볼우승대회'가 시초로 100년이 넘는 역사를 가지고 있는 대회입니다. 특히 겨울에 열리기 때문에 '겨울의 선수권(冬の選手権)'이라는 약칭으로 부르기도 합니다. 전국고등학교체육연맹과 일본축구협회가 공동 주최하는 이 대회는 고등학교 축구부의 완성도가 가장 높아지는 시기에 개최되기 때문에 최정예 선수들이 절정의 기량으로 출전하는 대회로 알려져 있습니다. 고등학교 축구대회 중 가장 권위 있는 대회로 니혼TV를 비롯해 무려 43개의 민영방송사가 중계를 합니다. 고시엔과 마찬가지로 47개 도도부현별 지역예선에서 우승한 학교들만 출전하는데, 도쿄도에서만 2개교가 출전하게 되어 있어 총 48개의 고등학교가 출전합니다. 2020년 1월에 열린 제98회 대회에서는 필자가 살던 지역의 축구 명문고인 시즈오카가쿠엔(静岡学園)고등학교가 통산 2회째 우승을 차지했습니다. 당시 동네 전체가 축제분위기가 되었고 상점들 곳곳에 축하현수막이 걸렸습니다.

전국고등학교축구선수권대회와 함께 고등학교 축구 3대 전국대회로 불리는 대회로는 다카마도노미야컵 JFA U-18축구리그와 국민체육대회 고등부 축구대회가 있습니다. 인터하이에도 축구부문이 있지만 3대 전국대회에는 들어가지 않습니다. 다카마도노미야컵 JFA U-18 축구리그는 1990년에 시작된 남자 고등학교 축구리그입니다. 일본 전국을 동서(東西)로 나누어 실시하는 프리미어 리그가 가장 상위리그이며, 그 다음이 전국을 9개의 지구로 나누어 실시하는 프린스 리그가 있습니다. 또한 그 아래로 하위 리그들이 있어 성적에 따라 승격과 강등이 이루어집니다. 프리미어 리그의

▶ 시즈오카가쿠엔 고등학교가 전국대회에서 우승했을 당시 동네 상점에 걸린 축하현수막 모습.

동서(東西)지구 우승팀은 전국 챔피언의 자리를 걸고 '프리미어 리그 파이널'이라는 결승전을 엽니다. 일본 고등학교 축구팀은 크게 학교 축구부(부카츠)와 U-18클럽팀으로 양분됩니다. 이들은 각각의 리그에서 활동하기 때문에 평상시에는 만날 수가 없습니다. 다카마도노미야컵 리그는 학교 축구부(부카츠)와 U-18클럽팀이 한 무대에서 뛰는 유일한 리그입니다.

나날이 높아지는 인기, 고등학교 농구

일본에서 농구는 전통적으로 비인기 종목이라는 인식이 강했습니다. 하지만 최근 분위기가 바뀌고 있습니다. 중, 고등학생들의 농구 부카츠를 소재로 한 만화들이 오랫동안 큰 인기를 누리고 있고 NBA에 진출하는 일본 선수들이 나오면서 농구 인기는 나날이 높아지고 있습니다. 고등학교 농구의 인기도 날로 상승하는 추세인데 고등학교 농구부의 저변은 모든 부카츠 중 가장 두터운 상황입니다. 야구와 축구에 비해 역사가 조금 짧긴 하지만 고등학교 농구 역시 3대 전국대회가 있습니다. 인터하이의 고등부 농구대회를 비롯해 전국고등학교농구선수권대회, 그리고 국민체육대회 고등부 농구대회가 그것입니다.

고등학교 3대 전국대회 중에서는 〈슬램덩크〉의 소재이기도 한 인터하이의 고등부 농구대회가 가장 유명합니다. 전국 지역예선에서 우승한 학교들만 8월의 본선에 참여하는데 남고부의 경우 총 53개교, 여고부의 경우 총 51개 학교가 출전합니다. 〈슬램덩크〉를 보면 "전국으로 간다."는 대사가 여러 번 나옵니다. 그것이 인터하이의 본선진출을 의미하는 말입니다. 일본 고등학교 농구의 특징은 몇몇 압도적인 실력의 학교들이 있다는 점입니다. 남고부는 〈슬램덩크〉에 나오는 '산왕공고'의 실제 모델이기도 한 아키타현립노시로(秋田県立能代)공업고등학교가 대표적입니다. 이 학교는 인터하이에서만 총 22회 우승했습니다. 최근에는 후쿠오카현의 고등학교들이 강세를 보이고 있습니다. 여고부는 인터하이에서 무려 24회나 우승한 아이치현의 오카가쿠엔(桜花学園)고등학교가 가장 유명합니다. 한국 여자국가대표 센터로 활약했던 하은주(202cm)선수도 이 학교에서 농구유학을 했습니다.

전국고등학교농구선수권대회는 여름에 열리는 인터하이와 달리 겨울에 개최되어 '윈터컵'이라는 통칭으로 부르고 있습니다. 47개 도도부현별 지역예선 우승학교와 개최지역 2개 학교 및 인터하이의 우승학교, 준우승학교, 그리고 전국을 다시 8개의 블록**으로 나눈 블록 선수권대회의 우승학교 등 총 60개 학교가 출전합니다. 국민체육대회의 고등부 농구대회는 지역선발팀이 출전하여 고교농구의 최강지역을 가리는 대회입니다. 남고부의 경우 신흥강호 학교들이 등장한 후쿠오카현 선발팀이 강세를 보이고 있습니다. 여고부의 경우 수십 년간 원탑의 자리를 지키고 있는 오카가쿠엔 고등학교가 있는 아이치현 선발팀이 유명합니다.

** 블록은 일본전국을 도도부현보다 더 큰 단위로 나눈 것으로 8개의 블록(홋카이도지방, 토호쿠지방, 칸토지방, 츄부지방, 긴키지방, 츄고쿠시고쿠지방, 규슈지방, 오키나와지방)으로 나눈다.

▶ 노시로공업고등학교가 있는 노시로역의 모습. '농구의 마을, 노시로' 라는 표어가 새겨진 농구골대와 농구 관련 조형물들이 설치되어 있다.

 ## 〈하이큐〉의 실사판, 고등학교 배구

세계적으로 인기를 끈 일본만화 〈하이큐〉는 일본 고등학교 배구 부카츠의 이야기를 소재로 만들어진 것입니다. 일본은 전통적으로 여자배구의 인기가 높은 나라입니다. 여고생들이 가장 많이 선택하는 체육계열 부카츠도 바로 배구부입니다. 과거 〈슬램덩크〉로 농구의 인기가 높아졌듯 배구도 〈하이큐〉에 힘입어 인기가 더욱 높아지고 있는 분위기입니다. 고등학교 배구선수로 등록되어 있는 인원은 남녀를 합쳐 무려 10만 명이 넘습니다. 배구는 인기나 규모면에서 농구와 자주 비교되는 종목입니다. 인터하이에 출전하는 남녀고등학생의 수도 배구와 농구는 항상 비슷한 규모를 보이고 있습니다. 일본 고등학교 배구의 3대 전국대회는 8월의 인터하이(본선), 1월의 전일본발리볼고등학교선수권대회, 9-10월의 국민체육대회 고등부 배구대회입니다.

만화 〈하이큐〉의 1기는 인터하이의 미야기현(宮城県) 지역예선을 다루고 있습니다. 여기서 주인공의 학교는 패배해 탈락하는 것으로 그려집니다. 8월의 본선에 진출하지 못한 것입니다. 2기에서는 '봄의 고교배구(春の高校バレー)'라는 시즌을 다루고 있습니다. 이것이 '전일본발리볼고등학교선수권대회'를 의미합니다. 이 대회는 1948년에 1회 대회를 개최한 이후 줄곧 3월 하순에 치러져 온 관계로 '봄의 고교배구'라는 애칭을 가지고 있었습니다. 하지만 2011년부터는 개최시기가 1월로 변경되어 있는 상태입니다. 이 대회는 도쿄체육관에서 5일 동안 열리며 전국 지역대표 남녀 각 52개의 학교가 출전합니다. 민영방송사인 후지TV에서 중계하며 유튜브에도 관련영상이 많이 올라옵니다. 일본의 고등학교 배구는 별도의 연맹체를 가지고 있지는 않으며 전국고등학교체육연맹에서 고등학교 배구 전문부를 운영하고 있습니다.

▶ 배구만화 〈하이큐〉의 조형물

고등학교 럭비와 오사카조선고급학교 이야기

럭비는 일본에서 상당한 인기 스포츠입니다. 럭비 부카츠가 있는 고등학교는 전국에 1,000개교에 육박하고 등록선수는 무려 2만 여명에 달합니다. 남학생들만의 운동임을 감안하면 상당한 저변이라고 할 수 있습니다. 고등학교 럭비는 전국고등학교체육연맹 소속으로 인터하이의 한 종목으로 분류되지만 전국 대회는 인터하이와는 별도로 개최합니다. 고등학교 럭비의 전국 대회는 '전국고등학교럭비풋볼대회'이며 매년 12월 말~1월 초에 오사카시의 '하나조노(花園)럭비장'에서 개최됩니다. 100년이 넘는 역사를 가지고 있는 이 대회는 개최장소의 이름을 따 '하나조노'라고 부르기도 합니다. 일본 전국 지역예선에서 우승한 총 51개의 학교가 모여 토너먼트 방식으로 경기를 치릅니다.

조총련계 재일동포들이 다니고 있는 오사카조선고급학교는 유명한 럭비 강호 고등학교입니다. 오사카 지역예선에서 우승해 '하나조노'에 출전한 것만 지금까지 10번이나 됩니다. 아직까지 전국 우승 경험은 없지만 4강까지 올라간 적도 3번이나 됩니다. 학교의 규모를 감안하면 기적 같은 성과라고 할 수 있습니다. 오사카조선고급학교는 전체 남학생이 100여 명 안팎에 불과한데 그 중에 30~40명이 럭비부원이라고 합니다. 학

▶ 전국고등학교럭비풋볼대회가 열리는 '하나조노' 럭비장의 모습. 2019년 일본에서 열린 럭비월드컵경
기도 이곳에서 열렸다.

생 수가 적다는 것은 체격조건과 운동신경을 갖춘 선수의 수급이 그만
큼 어렵다는 의미이기도 합니다. 라이벌인 일본 고등학교들은 럭비부만
100~130명의 부원을 보유하고 있습니다. 그래서 오사카조선고급학교와
일본 고등학교와의 럭비부 시합은 흔히 '다윗와 골리앗'의 대결에 비유되
곤 합니다. 오사카조선고급학교는 하나조노 럭비장과 걸어서 불과 15분
거리에 있다고 합니다. 럭비부는 1972년에 시작되었는데 여러 가지 사정
으로 공식전에 출전하지 못하다가 1994년이 되어서야 출전하게 되었다고
합니다.[**] 2014년에 개봉된 다큐멘터리영화 〈60만 번의 트라이〉는 오사
카조선고급학교의 럭비부 이야기를 소재로 만들어진 것입니다. '트라이'

[**] KBS뉴스 [특파원 리포트] 60만 교포 울린 아이들…日 조선학교의 '트라이'

란 상대팀 그라운드 끝단에 공을 꽂아 넣는다는 의미의 럭비용어입니다. 그리고 60만이란 재일동포수를 상징한다고 합니다.

웬만한 학교엔 다 있다. 육상부와 테니스부

일본육상은 세계적인 주목을 받고 있습니다. 과거에는 마라톤 같은 장거리 종목의 강국이었지만 최근에는 단거리에서 더 눈에 띄는 성과를 내고 있습니다. 일본은 육상의 꽃이라 불리는 남자 100m에서 동양인의 한계로 여겨지던 10초벽을 잇따라 깨고 있습니다. 남자 400m계주는 아예 세계정상권에 올라섰습니다. 그렇다면 일본 고등학교 육상 부카츠의 저변은 어느 정도일까. 남고부만 전국에 약 4,200개에 달합니다. 여고부도 4,000개에 육박합니다. 등록선수는 10만 명이 넘습니다. 세계적인 수준으로 올라선 단거리 선수들도 모두 고등학교 육상 부카츠 출신입니다.

테니스는 일본의 인기스포츠 랭킹조사에서 항상 최상위 권에 랭크되는 종목입니다. 인기에 걸맞게 고등학교 테니스 부카츠의 저변 또한 매우 두터워 남녀 고등학교 선수는 8~9만 명에 달합니다. 일본에서는 테니스 못지않게 소프트테니스(정구)의 인기도 높습니다. 일본에서는 초등학교 때부터 소프트테니스를 배우는 학생들이 매우 많습니다. 고등학교 테니스부와 소프트테니스부는 각각 2,500개~3,000개 수준입니다. 둘을 합치면 모든 고등학교에 테니스부와 소프트테니스부 중 하나는 꼭 있는 셈입니다. 참고로 소프트테니스의 세계 최강국은 놀랍게도 일본이 아닌 한국입니다. 특히 소프트테니스를 정식종목으로 채택하고 있는 아시안게임에서 우리나라는 금메달을 독식해 온 수준입니다. 일본과는 비교할 엄두도 못 낼 취약한 저변과 비인기종목의 설움 속에서 이룬 성과입니다. 우리나라의 소프트테니스 선수들은 자국에서보다 종주국인 일본에서 더 유명한 것으로 알려져 있습니다. 그 밖에 남고부 기준 4,000개가 넘는 탁구부, 3,000개가 넘는 검도부도 웬만한 고등학교에서는 다 볼 수 있는 체육계열 부카츠라고 할 수 있습니다.

▶ '검도의 성지'로 불리는 오사카 슈도칸(修道館)에서 검도를 훈련하는 학생들

일본 중학생들의 올림픽, 인터미들

중학생들은 신체적으로 미성숙하기 때문에 소화할 수 있는 스포츠가 고등학생보다는 적습니다. 따라서 중학교 체육계열 부카츠 역시 고등학교 보다 종목 수가 적습니다. 반면 규모면에서는 고등학교를 압도합니다. 2019년 기준 일본의 전체 중학생 수는 약 322만 명이었습니다.[**] 도쿄대 사회과학연구소의 발표에 의하면 전국 남중생의 약 66%, 여중생의 약 48%가 체육계열 부카츠에 소속되어 있었습니다. 정리하면 전체 중학생의 57%인 약 184만 명이 체육계열 부카츠에 소속되어 있는 셈입니다. 약 120만 명인 고등학교 체육계열 부카츠 학생 수보다 훨씬 많은 수치입니다. 실제로 일본 중학생들은 두 명 중 한 명이 운동부라는 말이 있습니다. 중학교 체육계열 부카츠 역시 공익재단법인인 일본중학교체육연맹(日本中学校体育連盟)이라는 조직을 중심으로 운영되고 있습니다.

고등학생들에게 '인터하이'가 있다면, 중학생들에게는 '인터미들'이라고 불리는 전국중학교체육대회가 있습니다. 1970년에 시작되었으며 주관단체인 일본중학교체육연맹의 이름을 줄여서 '중체련(中体連)'이라고

** 전국 중학생 수의 출처는 일본문부과학성 홈페이지 종합교육정책국조사기획과의 통계자료. https://www.mext.go.jp/content/20191220-mxt_chousa01-000003400_1.pdf

도 부릅니다. 일본 전국을 9개의 블록**으로 나누어 봄부터 지역예선전을 치른 후 최종 선발된 학교와 선수들만 8월에 열리는 본선에 출전합니다. 대회 장소는 종목별로 다르며, 약 20개 종목의 경기가 열립니다. 이 중 일부 종목은 동계종목으로 겨울에 개최합니다.

 ## 중학교 체육계열 부카츠의 규모

　중학교의 체육계열 부카츠는 고등학교와 비교해 볼 때 종목 수는 적고 참여인구는 더 많다고 요약할 수 있습니다. 중학교 체육계열 부카츠는 대부분 인터미들 소속의 약 20개 종목 중 선택적으로 운영되고 있습니다. 인기 종목인 야구, 축구, 농구, 배구부를 운영하는 중학교는 무려 7~8천 개교에 이릅니다. 각 중학교에서 운영하는 체육계열 부카츠의 수는 모두 다릅니다. 아래 표는 2019년 인터미들의 종목별 규모를 나타낸 것입니다.

	남자부 (공학+남중)	남자선수	여자부 (공학+여중)	여자선수	합계
육상부	6533개교	125,758명	6247개교	96,322명 (5위)	222,080명 (4위)
수영부	3124개교	29,514명	2938개교	16,297명	45,811명
농구부	7024개교	160,190명 (3위)	7196개교	129,199명 (3위)	289,389명 (2위)

** 홋카이도(北海道)블록, 토호쿠(東北)블록, 칸토(関東)블록, 호쿠신에츠(北信越)블록, 도카이(東海)블록, 긴키(近畿)블록, 츄고쿠(中国)블록, 시코쿠(四国)블록, 큐슈(九州)블록

축구부	6774개교	187,708명 (1위)	56개교	5,894명	193,602명 (5위)
핸드볼부	711개교	16,794명	604개교	10,884명	27,678명
연식야구부	8318개교	164,173명 (2위)	488개교	3,302명	167,475명
체조경기부	425개교	1,523명	519개교	3,551명	5,074명
신체조부	43개교	242명	831개교	4,147명	4,389명
배구부	2893개교	49,815명	7839개교	139,017명 (2위)	188,832명
소프트테니스부	5412개교	143,021명 (5위)	6822개교	163,806명 (1위)	306,827명 (1위)
탁구부	6661개교	159,737명 (4위)	5960개교	102,813명 (4위)	262,550명 (3위)
배드민턴부	2906개교	50,559명	3680개교	83,102명	133,661명
소프트볼부	106개교	1,483명	2176개교	35,860명	37,343명
유도부	2764개교	20,460명	1941개교	6,895명	27,355명
검도부	5162개교	46,329명	4592개교	31,129명	77,458명
스모부	310개교	1,064명	11개교	40명	1,104명
스키부	353개교	1,306명	275개교	914명	2,220명
스케이팅부	55개교	264명	86개교	228명	492명
아이스하키부	85개교	423명	2개교	33명	456명
역전경기부	자료없음	자료없음	자료없음	자료없음	자료없음

　　남중부의 경우 연식야구–농구–축구–탁구–육상 순의 규모를 보이고 있습니다. 중학교 연식야구부는 전국에 무려 8,000개가 넘습니다. 이는 일본 전국 중학교의 80%에 이르는 수치입니다. 잠시 뒤에 따로 설명하겠지만 경식야구팀을 빼고도 그만큼입니다. 여중부의 경우 배구–농구–소프트테니스–육상–탁구 순의 규모를 보이고 있습니다. 전통적인 인기 종목답게 여중 배구부는 전국적으로 8,000개에 육박하고 있습니다. 남녀 등록 선수의 수를 살펴보겠습니다. 남녀 선수의 합계 기준으로 보면

소프트테니스(정구)가 무려 30여만 명으로 1위입니다. 전국 중학생의 약 9.5%에 해당하는 수치로 10명 중 1명은 소프트테니스 부카츠에 가입해 있는 셈입니다. 2위는 약 29만 명의 선수를 보유한 농구입니다. 특히 농구는 남녀의 숫자가 비슷하다는 점이 다른 종목과 구별되는 특징입니다. 이는 고등학교에서도 마찬가지였습니다. 3위는 약 26만 명의 선수를 보유한 탁구입니다. 중학생은 고등학생과는 달리 대학입시라는 큰 과제가 없기 때문에 상대적으로 운동부 활동에 더 많이 참여합니다.

▶ 유도 훈련을 하는 중학생들

중학교 야구의 어마어마한 규모

일본의 중학교 야구는 기본적으로 부드러운 고무재질의 연식(軟式)야구공을 사용합니다. 앞서 중학교 연식야구부의 수가 8,000개가 넘고 선수 수는 16만 명이 넘는다는 것을 보았습니다. 그런데 중학교 연식야구는 학교 야구부(부카츠) 말고도 외부의 클럽야구부도 상당히 많습니다. 앞서 본 통계는 학교 밖에 있는 연식 클럽야구부 수가 포함되어 있지 않습니다. 또한 딱딱한 공을 사용하는 경식(硬式)야구 부문도 있습니다. 경식야구는 중학교 부카츠로서는 드물고 대부분 클럽야구부에서 하고 있습니다. 이 또한 앞선 통계에는 포함되어 있지 않습니다. 중학생 대상의 연, 경식 클럽야구부들은 다양한 단체에서 운영을 하고 있다 보니 전체를 아우르는 통계자료가 없습니다. 학교 밖의 연, 경식 클럽야구부까지 생각한다면 야구는 일본 중학생들의 운동부 활동 중 가장 큰 규모가 될 것입니다.

중학교 연식야구의 전국대회는 인터미들과 '전일본소년연식야구대회'의 2가지가 있습니다. 인터미들의 중학교 야구대회 정식명칭은 '전국중학교연식야구대회'입니다. 1979년부터 시작되었으며 전국에서 단 25개교만이 본선에 출전합니다. 중학교 연식야구부의 저변을 생각하면 극소수만이 출전하는 셈입니다. '전일본소년연식야구대회'는 매년 8월 중순에 요코하마 스타디움에서 개최되는 또 하나의 전국대회입니다. 인터미들이 개별학교의 야구부 단위로 참여하는 반면 이 대회는 지역선발팀을 꾸려 출전하는 것도 가능하며 클럽야구부도 참가할 수 있습니다. 부카츠로서는 드물다고 해도 중학교 경식야구의 저변도 결코 작지 않습니다. 무려 6개의 리그가 운영되고 있는데 리틀시니어리그(중학경식야구협회), 보이즈리그(일본소년야구연맹), 영리그, 포니리그, 브롱코리그, 후레쉬리그가 그것입니다. 이들은 리그의 이름이자 중학경식야구단체의 이름이기도 합니다. 이 6개의 경식 리그를 총괄하는 일본중학교경식야구협의회라는 조직이 있습니다. 중학교 경식야구의 전국대회는 매년 8월 도쿄에서 시행되는 '전일본중학교야구선수권대회자이언트컵'이 있습니다. 국제 대회로는 WBSC U-15월드컵 대회가 있습니다.

〈캡틴 츠바사〉와 중학교 축구

중학교 축구를 언급하기 전에 만화 〈캡틴 츠바사〉이야기를 잠깐 해 볼까 합니다. 〈슬램덩크〉가 농구인기를, 〈하이큐〉가 배구인기를 끌어올린 것처럼 그 보다 더 오래 전에 〈캡틴 츠바사〉는 일본의 축구인기를 끌어올린 바가 있습니다. 〈캡틴 츠바사〉는 일본에서 마이너 스포츠로 인식되던 축구를 메이저 스포츠로 바꾸어 놓았다고 평가 받을 만큼 그 영향력이 컸습니다. 나카타 히데토시, 가와구치 요시카츠 등 유명선수들이 이 만화의 영향으로 축구를 시작했다고 밝힌 바가 있습니다. 또한 프랑스의 지네딘 지단, 아르헨티나의 리오넬 메시 같은 세계적인 선수들도 팬임을 공언한 바가 있을 정도입니다. 〈캡틴 츠바사〉의 초반부는 일본의 중학교 축구를 소재로 하고 있습니다. 주인공인 '오오조라 츠바사'는 초등학교 6학년 때 축구의 도시 시즈오카로 이사를 옵니다. 그리고 중학교 축구 전국대회를 경험하면서 축구선수로 성장해 나간다는 스토리입니다.

▶ 축구부가 현(県)대회에 출장했음을 알리는 중학교의 현수막

실제로 일본의 중학교 축구 인기는 매우 높습니다. 등록선수 수가 19만 명에 육박해 명목상 1위, 실질적으로는 야구에 이어 2위로 알려져 있습니다. 집계에 들어가 있지 않은 클럽축구부도 많습니다. 인터미들 지역 예선에서 현(県)대회 출전만 성공해도 학교에 큼지막한 축하현수막이 걸릴 만큼 높은 관심을 받고 있습니다. 참고로 중학교 축구의 전국대회는 인터미들의 '전국중학교축구대회'와 '타카마도노미야컵 JFA 전일본U-15

축구대회'의 2가지가 있습니다. 인터미들의 본선은 전국 지역예선에서 우승한 단 32개 중학교만이 출전합니다. 타카마도노미야컵은 고교축구에서 소개한 바와 같이 개별학교의 축구부뿐만 아니라 J리그 산하 유스클럽 같은 클럽축구부도 함께 참가하는 대회입니다.

부럽기만 한 일본 중학교 체육의 저변

부카츠는 우리나라로 치면 엘리트운동부와 학교스포츠클럽의 중간쯤 되는 성격을 가진 운동부입니다. 부카츠를 중심으로 한 일본의 중학교 체육저변은 놀랍기만 합니다. 야구와 축구 외에 농구부도 무려 7천개가 넘는 학교에서 운영하고 있습니다. 전국 중학교의 70%에 해당합니다. 탁구부 역시 농구부와 비슷한 수치입니다. 배구부의 경우 남중부는 전국에 약 3천여 개가 있습니다. 여중부는 무려 8천여 개에 육박합니다. 우리나라의 중학교 남자 엘리트 배구부는 전국에 30여개에 불과하니 일본의 100분의 1수준입니다. 여중부의 경우는 더 적어서 전국에 20여개에 불과해 일본의 400분의 1수준입니다. 그런데 농구나 탁구 등 다른 종목의 저변 차이는 배구보다 훨씬 더 큽니다. 하늘과 땅 차이라는 말이 어울리는 수준입니다.

▶ 여자 중학교 배구대회 모습. 사진제공 : 문경학원대학여자중학교(文京学院大学女子中学校)

우리나라는 운동부가 있는 학교가 극히 드물기 때문에 운동을 본격적으로 하려면 전학을 가야 하는 경우가 많습니다. 하지만 이사하는 것이 어려워 운동을 포기하는 경우도 많습니다. 운 좋게 다니는 학교에 운동부가 있더라도 한 종목, 많아야 두 종목 정도의 운동부가 있을 뿐입니다.

우리나라 학생들은 하고 싶은 운동을 할 수 있는 기회가 극히 적다고 할 수 있습니다. 반면 일본 학생들은 운동을 하고 싶다는 이유로 전학을 생각할 필요가 전혀 없습니다. 어느 학교나 체육계열 부카츠(운동부)를 적어도 10개 종목 가까이 운영하고 있기 때문입니다. 일본 학생들은 그저 하고 싶은 운동부를 선택하기만 하면 됩니다. 운동을 전문적으로 하고 싶으면 그만큼 훈련에 열심히 참여하면 됩니다. 공부를 우선하고 운동은 취미로 하고 싶으면 그 정도의 수준으로 가볍게 참여하면 됩니다. 일본 학교의 부카츠는 운동에 대해 다양한 생각을 가진 학생들이 공존할 수 있는 장소입니다.

초등 스포츠의 중심, 스포츠소년단

모든 중, 고등학교가 학교교육의 일환으로 부카츠를 운영하고 있는 것과는 달리 초등학교는 부카츠를 운영하는 학교와 운영하지 않는 학교가 있습니다. 부카츠를 운영하지 않는 초등학교는 운동부 활동을 공익단체인 스포츠소년단에 위탁하는 형태를 취하고 있습니다. 스포츠소년단은 일본 초등학생들의 스포츠 활동 중 가장 큰 비중을 차지하는 단체입니다. 일본 전국에 무려 3만 1,000여 개의 팀이 있으며 등록단원 수는 약 65만 명, 등록 지도자 수는 약 19만 명에 이릅니다. 스포츠소년단은 초등학교의 운동장과 체육관을 거점으로 활동하기 때문에 사실상 초등학교 부카츠(운동부)의 성격을 가지고 있습니다. 공익단체의 비영리적 활동이라는 면에서도 부카츠와 유사합니다. 단, 스포츠소년단은 학교교육의 일환이 아니기 때문에 학교가 운영에 관여하지는 않습니다. 가입여부 또한 초등학생들 개인의 선택에 맡겨집니다. 스포츠소년단은 비영리 활동으로 회비는 저렴하지만 학부모의 봉사활동이 많이 요구되는 것이 특징입니다.

부카츠와 스포츠소년단 대신 민간단체나 사기업에서 운영하는 스포츠클럽에 다니는 초등학생들도 많습니다. 이러한 스포츠클럽들은 일반적으로 학교가 아닌 외부 시설에서 활동하며 다양한 학생들이 모이기 때문에 팀명에 학교의 이름은 들어가지 않습니다. 또한 부카츠나 스포츠소년단에 비해 영리적인 성격이 강하기 때문에 회비가 다소 높은 편입니다.

그 대신 보다 전문적으로 운동할 수 있는 여건을 갖추고 있고 실력도 좋은 편입니다. 운동을 좋아하는 초등학생들은 두 종목 이상의 스포츠를 하는 경우도 많습니다. 예를 들어 야구는 민간 기업이 운영하는 유스클럽에서 하고 축구는 공익단체에서 운영하는 스포츠소년단에서 하는 식입니다.

일본의 초등학생들은 스포츠 활동 외에 음악학원, 서예학원, 바둑학원, 발레학원 등에도 많이 다닙니다. 방과 후 최소한 한 가지 이상의 예체능을 배우며 두, 세 가지를 배우는 학생들도 많습니다. 이렇게

▶ 스포츠용품점에 게시되어 있는 지역 스포츠소년단의 단원 모집 포스터.

정규교육 외에 따로 예체능을 배우는 활동을 통틀어 '나라이고토(習い事, '배우는 것'이라는 의미)'라고 합니다.

13,000개의 야구팀, 30만 명의 축구선수

일본의 초등학교 야구도 중학교와 마찬가지로 연식야구와 경식야구로 분야를 나누고 있습니다. 저변은 연식야구가 더 큽니다. 참고로 일본에서는 초등학생들의 연식야구를 '학동(學童)야구'라고 부릅니다. 일본연식야구연맹에 등록되어 있는 초등 학동연식야구팀은 스포츠소년단과 클럽팀을 합쳐 11,000개가 넘습니다. 중, 고등학교 야구부를 훨씬 웃도는 수치입니다. 연맹에 등록하지 않은 팀까지 합치면 약 13,000여개에 이르는 것으로 알려져 있습니다. 정확한 집계가 나와 있지 않은 경식야구팀까지 합친다면 일본 초등학생들의 야구 저변은 훨씬 더 커지게 됩니다.

초등학교 연식야구의 전국대회는 스폰서인 일본맥도날드주식회사의 이름을 따 '맥도날드 토너먼트'라고도 부릅니다.** '초등학생의 고시엔'이라는 별칭을 가지고 있는 이 대회는 전국 지역예선을 통해 선발된 51개의

** 정식명칭은 다카마도노미야시배(高円宮賜杯) 전일본학동연식야구대회

팀이 참가하는 무대입니다. 초등학교 경식야구는 6개의 리그가 존재합니다. '전국초등학생경식야구교류대회'는 초등경식야구의 전국대회입니다. 이 대회에는 6개의 리그에 속한 팀들이 출전해 초등 경식야구의 최강팀을 가립니다.

초등학교 축구의 저변 역시 어마어마합니다. 일본축구협회(JFA)에 등록된 유소년(초등) 축구 선수는 꾸준하게 30만 명 전후를 나타내고 있습니다. 6개 학년으로 나누어 생각해 보면 한 학년 당 평균 약 5만 명의 선수가 있는 셈입니다. 유소년 축구팀의 수는 약 8천여 개에 달합니다. 고등학교 축구의 약 2배 규모입니다. 'JFA 전일본U-12축구선수권대회'는 전국 47개 도도부현 지역예선에서 우승한 팀들이 모여 초등학교 축구의 전국최강팀을 가리는 대회입니다. 농구는 일본농구협회 산하에 U-12농구를 위한 조직인 일본미니농구연맹이 있습니다. 그리고 매년 3월에 '전국미니농구대회'를 개최합니다. 전국에서 선발된 남녀 48개 팀이 참가하는데 역사가 50년이 넘었습니다. 배구도 일본초등학생배구연맹이 존재하며 '전일본배구초등학생대회'라는 전국대회가 있습니다. 역시 전국에서 선발된 남녀 48개 팀이 참가합니다. 그 밖에 테니스, 소프트테니스, 육상, 수영, 검도, 가라테 등도 초등학생들이 많이 참여하는 종목입니다.

▶ 초등학교 야구선수들이 운동장을 정비하는 모습

부카츠로 너무 바쁜 대학생들

　일본의 대학에는 '부카츠'와 '써클'이라는 두 가지 활동이 있습니다. 먼저 대학 부카츠는 전문성이 높은 개념으로 숙련자들의 활동이라고 볼 수 있습니다. 예컨대 고등학교 부카츠에서 두각을 나타낸 학생이 추천입시로 대학에 입학해 활동하는 곳이 부카츠라고 보면 됩니다. 그렇다고 추천입시로 입학한 학생들만 부카츠에 들어가는 것은 아닙니다. 일반입시로 입학한 학생들도 부카츠에 들어갈 수 있습니다. 츠쿠바 대학의 축구 부카츠를 예로 들어 보겠습니다. 츠쿠바 대학의 축구 부카츠는 부원수가 100명이 넘습니다. 팀은 수준별로 4개로 나누어져 있습니다. 가장 높은 수준의 팀은 전원 스포츠추천으로 입학한 학생들로 구성되어 있습니다. 나머지 팀들은 일반입시로 입학한 학생들로 구성되어 있습니다. 부카츠에 소속된 학생들도 당연히 전공학과는 따로 있습니다. 부카츠는 학과수업이 끝난 오후에 진행됩니다.

대학의 부카츠는 주 5~6일씩 훈련하며 전문성을 기반으로 하는 만큼 규율도 센 편입니다. 부카츠에 가입해 있는 대학생들은 전공학과와 함께 두 분야의 전문성을 기르는 것입니다. 개인에 따라 부카츠를 전공학과 이상으로 여기는 경우도 많습니다. 졸업과 함께 부카츠의 분야로 취직을 노리는 경우가 그렇습니다. 운동부 학생들이 프로 진출을 시도하는 것이 대표적인 예입니다. 대학생이 되면 아르바이트나 연애도 하게 되므로 부카츠에 소속된 대학생들은 무척 바쁘게 생활합니다. 실제로 일본의 대학생들은 "너무 바쁘다."라는 말을 입에 달고 삽니다.

일본 대학의 '써클'이란 학생들이 자발적으로 만들어 참여하는 '동호회'의 개념입니다. 대학 부카츠는 전문코치의 고용 등 설립조건이 매우 까다로운 반면 써클은 설립조건이랄 것이 딱히 없습니다. 모임도 부카츠처럼 많지 않고 보다 자유로운 분위기의 활동이라고 볼 수 있습니다. 일본 대학생들은 자신이 이상적으로 생각하는 대학생활에 따라 부카츠와 써클 중에 선택을 하게 됩니다. 같은 스포츠를 하더라도 전문적이고 진지하게 하고 싶으면 부카츠에, 자유롭게 즐기는 정도로 하고 싶으면 써클에 가입하는 것입니다. 또 학과공부에 집중하기 원하는 학생들도 부담이 적은 써클을 선택하는 경우가 많습니다. 드물지만 부카츠와 써클 어느 쪽에도 가입하지 않고 느긋하게 대학생활을 보내는 학생들도 있습니다.

 ## 전일본학생선수권과 인카레

대학의 체육계열 부카츠에 소속된 학생들이 출전하는 '전일본학생선수권'은 인터하이, 인터미들과는 성격이 다릅니다. 인터하이와 인터미들이 종합체육대회인 반면 대학에서는 종합체육대회를 개최하지 않고 종목별로 독자적인 대회를 개최합니다. 따라서 '전일본학생선수권'이란 하나의 종합대회 명칭이 아니라 종목별 대학선수권대회들을 통칭하는 용어입니다. '전일본학생선수권'에 포함되는 종목은 아래와 같습니다.

야구, 축구, 농구, 배구, 양궁, 합기도, 육상, 역전경기, 탁구, 스키, 빙상, 승마, 공수도, 검도, 유도, 자전거, 럭비, 테니스, 레슬링, 체조, 킥복싱, 세팍타크로, 배드민턴, 트라이애슬론, 골프, 비치발리볼, 핸드볼, 하키, 볼링, 풋살, 소프트볼, 포뮬러, 보드, 클레이사격, 라켓볼, 태권도, 라이프세이빙

이 중에서 특히 학교 대항전으로 열리는 종목들은 인터칼리지(intercollege)라고도 부릅니다. 일본식 영어 발음으로는 '인타카렛지(インターカレッジ)'인데 더 줄여서 '인카레(インカレ)'라는 용어를 가장 많이 사용합니다. '인카레'에 해당하는 대표적인 종목은 야구, 축구, 농구, 배구, 소프트볼, 테니스 등입니다. 인카레는 인터미들, 인터하이와 더불어 일본의 학생스포츠대회를 상징하는 중요한 용어입니다. 참고로 대학의 야구, 축구, 농구, 배구는 전통적으로 도쿄와 요코하마 등 대도시가 있는 관동지방의 학교들이 강세를 보이고 있습니다. 관동지방의 명문사립대학인 와세다, 게이오, 호세이, 메이지 대학은 야구부와 축구부가 모두 강한 대학들입니다. 역시 관동지방의 명문 국립대학인 츠쿠바 대학은 농구와 배구 명문입니다. 특색 있는 종목도 몇몇 보입니다. 포뮬러대회는 대학생들이 직접 제작한 포뮬러스타일의 레이싱카 경기대회입니다. 라이프세이빙(Life Saving)은 해상인명구조를 위한 여러 가지 기술을 겨루는 스포츠입니다. 태권도대회도 있습니다. 일본의 태권도 수련인구는 전국적으로 만 오천명 정도에 불과한 것으로 알려져 있습니다. 취약한 저변에도 불구하고 '전일본학생태권도선수권대회'는 2019년에 31회째 대회를 개최하며 대학선수권대회의 한 자리를 지키고 있습니다. 육상, 스키, 빙상, 승마, 레슬링, 체조 등은 세부 종목으로 나누어집니다.

▶ 대학생들이 비치발리볼 경기를 하는 모습

 ## '공부하는 운동선수'라는 불문율

일본에는 '공부하는 운동선수'라는 불문율이 있습니다. 대학도 예외 없이 학과수업을 마친 후에 부카츠를 합니다. 부카츠에 소속된 대학 선수들은 국제대회 출전 같은 특별한 상황이 아닌 이상 출결과 평가에서 일반학생과 똑같은 대우를 받습니다. 이러한 시스템의 바탕에는 학문과 예체능을 겸비해야 한다는 '문무양도' 정신이 있습니다. 고등학교 체육계열 부카츠에서 거둔 실적으로 대학에 입학하는 전형을 '스포츠추천'이라고 합니다. 전국 레벨을 가진 학생들이 주요 대상입니다. 대학에서는 스포츠추천으로 입학할 선수에 관해서는 소속 고등학교와 사전에 협의를 해 둔다고 합니다. 스카우트에 가까운 개념입니다. 따라서 고등학교의 추천을 받아 스포츠추천 전형에 지원하는 학생들의 합격률은 90%를 넘습니다. 그렇다고 해서 학업성적이 중요하지 않은 것은 아닙니다. 스포츠추천의 지원서에는 고등학교 내신 성적과 품행을 기록하게 되어 있습니다. 각 대학에서 요구하는 내신 성적의 기준이 있기 때문입니다. 그 기준에 미달하는 경우는 입학이 불가능합니다. 또한 아무리 전국대회에서 우수한 성적을 거둔 선수라도 내신이 낙제점에 가까우면 일반적으로 소속 고등학교에서 추천을 하지 않는다고 합니다. 따라서 전국 레벨의 고등학교 선수라도 추천입학으로 대학에 가려면 일정한 기준의 성적을 받아야 할 필요가 있는 것입니다. 대학 측에서도 스포츠추천으로 입학하려는 학생들에게 소논문과 면접 등의 자체적인 평가를 통해 대학수학능력을 갖추고 있는지를 검증합니다.

부카츠에 소속된 대학 운동선수들은 매우 바쁩니다. 특히 공부를 따라가기 위해 상당한 노력을 해야 합니다. 스포츠추천으로 입학했다고 해도

대학을 졸업한 후에 전문운동선수로서 살아갈 수 있다는 보장은 없습니다. 따라서 학업을 충실하게 병행하면서 여러 상황에 대비하는 것입니다. 운동선수로서 일자리를 구하지 못하더라도 일반적인 구직활동을 통해 사회의 다양한 분야로 진출합니다. 운동선수의 꿈을 이어가기 원하는 경우는 사회인 팀을 운영하는 회사에 들어가 일과 운동을 병행하기도 합니다. 반대로 프로구단의 영입제안을 받은 우수한 선수가 안정적인 직장인의 길을 택하는 경우도 있습니다. 일본에서는 전문운동선수를 '아스리토(アスリート, athlete)'라고 부릅니다. 일본의 두터운 학교체육의 저변을 생각하면 아스리토의 길을 가는 사람은 매우 적다고 할 수 있습니다.

 ## 문화부의 인터하이, 전국고등학교종합문화제

여기서부터는 체육계열과 함께 부카츠의 다른 한 축을 이루고 있는 문화계열의 부카츠에 대해 이야기해 보겠습니다. 문화계열 부카츠로 대표적인 것들에는 취주악부, 미술부, 연극부, 합창부, 바둑부, 댄스부, 서예부 등이 있습니다. 2020년에 44회를 맞이한 '전국고등학교종합문화제'는 '문화부의 인터하이'라고도 불립니다. 전국에서 분야별로 선발된 문화계열 부카츠들이 연극대회, 미술전시, 음악공연 등을 펼치는 종합문화예술축제입니다. 문부과학성 산하인 문화청과 공익사단법인 전국고등학교문화연맹, 그리고 개최지역의 교육위원회가 공동 주최합니다. 이 문화제에는 국제교류행사가 포함되어 있는 것이 특징입니다. 주최 측으로부터 초청을 받은 외국학교의 문화 동아리들이 참가하는데 주로 개회 행사에 출연합니다. 문화제의 본 행사에서는 총 19개의 문화계열 부카츠 행사가 열리며 이 중 일부는 대회의 형식으로 진행합니다. 각각의 행사는 보통 '전국고등학교종합문화제 00부문'이라고 표기합니다. 19개 행사의 면면을 살펴보면 일본의 전통문화 부문(붉은색 음영처리)이 상당수 포함되어 있음을 알 수 있습니다. 우리에게는 생소한 분야입니다.

연극(전국고등학교연극대회)부문, 합창부문, 취주악부문, 기악/관현악부문, 일본음악부문, 음영검시무(吟詠劍詩舞)부문, 향토예능부문, 마칭밴드/배턴트월링부문, 미술/공예부문, 서예부문, 사진부문, 방송부문, 바둑부문, 쇼기(전국고등학교쇼기선수권대회)부문, 변론(문부과학성장관배 전국고등학교변론대회)부문, 오구라햐쿠닌잇슈경기카루타부문, 신문부문, 문예부문, 자연과학부문

중학생들을 대상으로 한 '전국중학교종합문화제'도 있습니다. '문화부의 인터미들'이라고도 부르며 기본적인 성격은 고등학교종합문화제와 비슷합니다. 전국종합문화제는 어디까지나 전국에서 선발된 소수의 학생들만 참가하는 행사입니다. 문화계열 부카츠는 이러한 전국적인 행사와는 별개로 평소에도 공연이나 작품전 등의 활동을 많이 합니다. 또한 전국종합문화제 부문에 속해 있지 않은 부카츠들도 적지 않습니다. 대표적으로

는 댄스부를 예로 들 수 있는데 잠시 뒤에 따로 소개하겠습니다. 문화계열의 카테고리에는 예술 분야뿐 아니라 사회, 과학, 기술 등 폭넓은 분야가 포함됩니다. 또한 열기구부, 남미음악부, 잡초연구부, 우동연구부, 저글링부와 같이 마니아적이고 특색 있는 부카츠도 많습니다. 요리부, 자동차부, 무선공작부, 보행부, 패션부, 여행부, 건축연구부, 점자부, 수화부, 적십자부, 속기부, 종이접기부, 훌라댄스부, 샤미센부 등도 모두 문화계열 부카츠입니다.

▶ 고등학생들이 '쇼도(서예)'대회에 참가한 모습

문화부의 대표주자, 취주악부

 '취주악부(吹奏楽部)'는 문화계열의 대표적인 부카츠로 대부분의 중,
고, 대학에서 운영되고 있습니다. 취주악이란 한자의 뜻 그대로 불어서
(吹) 연주(奏)하는 음악(楽)이라는 의미입니다. 즉 관악기 중심의 밴드부
라고 생각하면 됩니다. 트럼펫, 트럼본, 호른 등의 금관악기와 색소폰, 플
루트 등의 목관악기 등으로 구성이 됩니다. 거기에 현악기나 타악기가 포
함되는 경우도 있습니다. 취주악부는 각 학교에서 특별한 위상을 가지고
있는 부카츠입니다. 입학식, 졸업식, 운동부 응원 같은 학교행사에 동원
되기 때문입니다. 그런 성격 때문에 취주악부는 문화계열 부카츠인 동시
에 '총무부'라고도 불립니다. 또한 학교행사에서 선보이는 웅장한 연주 덕
분에 존재감이 확실한 부카츠 중 하나입니다. 참고로 취주악부처럼 문화계
열인 동시에 '총무부'로 불리는 부카츠로는 방송부와 응원단이 있습니다.

 취주악부에서는 개인적으로 악기를 배우고 연습하기도 하지만, 부원들
과의 앙상블(합주)이 중요한 활동입니다. 연주회나 대회에 참가하는 일도
많습니다. 좋은 연주를 위해 팀워크를 필요로 하는 만큼 성실한 참여와
책임감, 선후배 관계를 중요시하는 부카츠로 알려져 있습니다. 전일본취
주악연맹과 아사히신문이 공동 주최하는 '전일본취주악콩쿠르'는 고등학

교 취주악부가 출전하는 가장 큰 대회입니다. 이 대회는 야구의 고시엔에 빗대어 '취주악의 고시엔'이라고도 불립니다. 오랫동안 도쿄의 '후몬칸(普門館, 보문관)'이라는 곳에서 열린 관계로 이 콩쿠르 자체를 '후몬칸'이라고도 불렀습니다. 현재는 나고야(名古屋) 국제회의장 센추리홀에서 개최되고 있습니다. 이 콩쿠르는 고등부뿐 아니라 중등부부터 일반부까지 열리며 일본 내 취주악 콩쿠르 중 가장 높은 권위를 가지고 있습니다. 일본의 포털 사이트에는 이 콩쿠르의 입상실적을 근거로 만들어진 고등학교 취주악부의 랭킹까지 찾아볼 수 있습니다.

오사카부립요도가와공과(大阪府立淀川工科)고등학교는 취주악부로 유명한 학교입니다. 이 학교에는 체육계열과 문화계열을 합쳐 총 28개의 부카츠가 있는데 취주악부의 단원만 200여명으로 알려져 있습니다. 취주악부가 워낙 유명한 탓에 이 학교는 공과(공업)고등학교이지만 사실상 음악고등학교라고 불리고 있습니다. 이 학교의 취주악부 내에는 성조(星組), 화조(花組), 설조(雪組)라는 세 그룹이 있습니다. 쉽게 말하면 별님반, 꽃님반 같은 식인데 이는 학년과 실력 등을 고려해 내부적으로 등급을 나눠놓은 것입니다. 워낙 단원수가 많고 실력자도 많기 때문에, 콩쿠르에 출전할 때는 내부 오디션을 통해 출전멤버를 선발합니다. 오디션을 통해 콩쿠르 출전멤버로 선발된 이들의 그룹이 '성조'입니다. '화조'란 성조에 들어가지 못한 2,3학년의 그룹입니다. '설조'란 1학년들의 그룹입니다. 전국적인 명성에 걸맞게 이 학교 취주악부의 연습량은 상상을 초월합니다. 특히 콩쿠르나 연주회 등을 앞두고 있을 때는 학교에서 밤 12시가 넘도록 연습하는 것으로 유명합니다. 그런데 이 학교의 취주악부 단원들 중 음대를 지망하는 학생들은 매우 적다고 합니다. 다른 부카츠와 마찬가지로 진학이나 취업을 목표로 활동하는 것이 아니기 때문입니다. 전국 최고의 실력을 자랑하면서도 취주악부 활동 그 자체에 의미를 두고 있는 것입니다.

▶ 취주악부 학생들이 야외공연을 하는 모습

전국적인 인기를 자랑하는 댄스부

댄스부는 대표적인 문화계열 부카츠 중 하나입니다. 전국고등학교종합문화제의 19개 행사에는 들어가 있지 않지만, '일본고교댄스선수권'이라는 큰 규모의 전국대회를 별도로 개최합니다. 산케이신문과 사단법인인 스트리트댄스협회의 주최로 2008년에 시작된 이 대회는 모든 장르의 댄스를 대상으로 하며 'DANCE STADIUM'이라는 별칭으로도 부릅니다. 봄부터 겨울까지 계절별로 각기 다른 성격의 대회를 개최합니다. 봄 대회는 '신인전'이며 고등학교 1학년 학생들만 출전합니다. 여름 대회는 전국대회입니다. 전국을 8개의 블록으로 나누어 지구예선을 거친 뒤 블록별 상위 입상한 팀들만이 출전하는 대회입니다. 가을대회는 '선발대회'로서 전년도 겨울대회와 직전의 봄, 여름대회에서 우수한 성적을 거둔 30개 학교를 선발합니다. 겨울대회는 '허들토너먼트'라고 하여 3인 1조의 팀 구성으로 토너먼트 방식으로 대전합니다. 결승전에는 DJ가 선곡한 곡에 즉흥적인 안무를 만들어내는 방식으로 진행합니다.

댄스는 청소년들에게 인기 있는 분야인 만큼 각 학교의 댄스부는 관심의 대상입니다. 포털사이트에서는 전국대회의 실적 등을 근거로 만들어진 전국고등학교 댄스부 랭킹도 찾아 볼 수 있습니다. 중학교 체육유망주들이 강팀이 있는 고등학교에 들어가기 위해 노력하는 것처럼 댄스를 좋아하는 중학생들은 댄스부로 유명한 고등학교에 들어가기 위해 노력한다고 합니다.

일본의 장기, 쇼기

'쇼기'는 장기(將棋)의 일본어 발음입니다. 인도의 고대게임인 차투랑가를 기반으로 하는 장기는 나라마다 특성이 다른 것으로 알려져 있습니다. 따라서 '쇼기'는 우리나라의 장기와는 다른 일본식 장기만을 가리키는 용어입니다. 쇼기는 1990년대 초반까지 스모, 가라테와 함께 일본의 국기(國技)로 불릴 정도로 인기가 높았습니다. 하지만 1985년에 1680만 명에 달했던 쇼기인구가 다른 취미생활의 발달로 인해 2015년도에는 530만 명까지 감소하고 말았습니다. 위기에 처해 있던 쇼기는 후지이 소우타라는 스타기사의 탄생으로 전기를 맞이했습니다. 그는 2016년 만 14세 2개월이라는 사상 최연소로 프로무대에 데뷔해 이목을 끌었습니다. 그리고 무패행진을 거듭하며 중학생 신분으로 일본 프로 쇼기 역대 신기록인 29연승을 달성했습니다. 만화에나 나올 법한 그의 신들린 활약이 일본의 공중파 방송에 연일 소개되면서 전국의 쇼기 교실이 활황을 이루기도 했습니다.

쇼기는 문화계열의 부카츠로 분류되지만 뇌를 사용하는 '마인드 스포츠'라고도 불립니다. 전국고등학교종합문화제에서는 '전국고등학교 쇼기 선수권대회'가 열립니다. 일본쇼기연맹과 전국고등학교문화연맹이 공동 주최하는 이 대회는 50년이 넘는 전통을 가지고 있습니다. 전국 47개 도도부현 지역예선에서 우승한 학생들만 참가해 고등학생 쇼기 전국 챔피언을 가리는 대회입니다. 고등학생들의 쇼기대회는 그 외에도 '고등학교 쇼기용왕전', '고등학교 쇼기신인대회' '관동 쇼기리그전' '고등학생 쇼기왕장전' '고등학교 쇼기여자선발대회' 등이 있습니다. 일본쇼기연맹이 주최하는 초, 중, 고 학생들의 쇼기대회만 해도 20여개에 이르며, 여성대회도 4개나 됩니다. 학생 쇼기 대회의 숫자만 보더라도 쇼기 부카츠의 인기와 저변을 짐작해 볼 수 있습니다.

 부카츠를 소재로 한 영화와 소설

부카츠는 문화 컨텐츠로도 끊임없이 재생산되고 있습니다. 부카츠를 소재로 만들어진 영화와 소설은 너무 많아서 전부 소개하기는 불가능합니다. 체육계열과 문화계열의 부카츠 중에 한 번이라도 영화화나 소설화가 되지 않은 분야가 없을 정도입니다. 일본의 영화랭킹전문 사이트에는 부카츠를 소재로 한 영화랭킹이 따로 마련되어 있을 정도인데, 랭킹에 올라간 영화만 해도 40편 이상입니다. 그 중 일본 아카데미상을 수상한 두 작품만 간단히 소개하겠습니다.

〈키리시마, 부카츠 그만둔대『桐島、部活やめるってよ』〉는 동명의 원작 소설을 영화화한 작품입니다. 고등학교 배구 부카츠의 주장이었던 키리시마가 부카츠를 그만두는 것을 계기로 각기 다른 부카츠에 참여하고 있는 친구 5명의 일상에 미묘한 변화가 일어나는 이야기를 그리고 있습니다. 이 영화에 등장하는 부카츠는 배구부, 야구부, 배드민턴부, 영화부, 취주악부, 소프트볼부 등입니다. 일본아카데미상 2관왕(최우수작품상, 최우수감독상)을 비롯해 많은 영화제에서 상을 받은 작품입니다. 〈스윙걸즈『スウィングガールズ』〉는 여고생들의 재즈빅밴드 부카츠를 소재로 만들어진 작품입니다. 우연한 기회로 취주악부에 들어간 낙제여고생들이 악기연주에 매료되어 그들만의 재즈밴드를 결성하는 이야기를 그리고 있습니다. 일본아카데미상 최우수각본상을 비롯해 많은 영화제에서 수상한 작품입니다. 감독인 야구치 시노부는 〈스윙걸즈〉외에도 남자 고등학생들의 수영 부카츠를 소재로 한 〈워터보이즈〉라는 영화도 제작했습니다.

부카츠를 소재로 한 소설은 우리나라에 출간되어 있는 작품 중 세 가지만 선정해 보았습니다. 〈무사도 식스틴『武士道シックスティーン』〉은 검도에 청춘을 건 여고생들의 이야기를 소재로 한 소설입니다. 소설의 인기에 힘입어 만화와 영화로도 제작되었습니다. 작가인 혼다 테츠야는 남성인 관계로 이 작품을 쓰기 위해 여고 검도 부카츠를 순회하며 취재를 했다고 합니다. 우리나라에도 단행본이 출간되었습니다. 〈한 순간의 바람이 되어라『一瞬の風になれ』〉는 고교 육상부 이야기를 소재로 한 장편소설입니다. 육상종목 중 100미터와 400미터 릴레이 경기를 소재로 하고 있습니다. 일본의 육상스타 기류 요시히데도 이 소설의 영향을 받았다고 밝힌 적이 있습니다. 역시 TV드라마로도 제작되었습니다. 〈하루치카『ハルチカ』〉는 고등학교 취주악부를 배경으로 '하루타'와 '치카'라는 등장인물의 이야기를 담은 소설입니다. 앞서 소개한 '전일본취주악콩쿠르'를 목표로 하는 고교생들의 성장을 그리고 있습니다. 역시 만화와 애니메이션, 영화로도 제작되었습니다.

영화와 소설은 사회적인 이슈나 화젯거리를 다루는 경우가 많습니다. 그런 면에서 볼 때 부카츠를 소재로 한 작품들이 끊임없이 제작되고 있다는 사실은 주목할 만합니다. 그만큼 일본사회 속에서 부카츠가 차지하는 의미와 영향력이 크다는 방증입니다.

체육계열 부카츠를 소재로 한 만화

일본어판 위키피디아에 따르면 지금까지 출간된 일본만화 중 야구를 소재로 한 작품은 450종이 넘는 것으로 나타났습니다. 그리고 그 중 상당수가 중, 고등학교 야구 부카츠를 소재로 한 작품일 것으로 예상됩니다. 한국에서도 인기를 끌었던 일본 야구만화들 역시 대부분 야구 부카츠를 소재로 한 작품입니다. 일본 네티즌들이 선정한 역대 야구만화 랭킹 20선을 보면 1위부터 5위까지가 전부 고등학교 야구 부카츠를 소재로 한 만화였습니다. 1위와 5위에 오른 〈H2〉와 〈터치〉는 모두 아다치 미츠루라는 작가의 작품으로 애니메이션으로도 제작되었습니다. 〈H2〉는 90년대 초, 〈터치〉는 80년대 초에 출간된 오래된 작품들입니다. 우리나라에도 번역본이 출간되어 인기를 모은 바 있습니다. 다만 두 작품 모두 본격 스포츠만화라기보다는 순정만화의 요소가 강한 것이 특징이었습니다. 3위에 오른 〈라스트이닝〉은 고시엔을 중심으로 한 고등학교 야구 부카츠 이야기를 소재로 하고 있습니다. 전문적인 야구지식이 많이 등장하는 본격 야구만화라고 볼 수 있습니다.

축구 부카츠를 소재로 한 만화도 열거하기 힘들 정도로 많습니다. 일본어판 위키피디아에는 일본에서 출간되었던 축구만화를 아예 소재별로 세분화해 정리해 놓고 있습니다. 초등학교와 중학교 축구 부카츠를 소재로 만들어진 만화만 약 60종, 고등학교 축구 부카츠를 소재로 한 만화는 90종이 넘습니다. 그 밖에 유스클럽, 프로리그, 국가대표팀, 지역리그, 여자축구, 풋살 등이 축구만화의 소재가 되었습니다. 심지어 축구 지도자를 소재로 한 만화도 있습니다. 일본의 축구만화라고 하면 누구나 〈캡틴 츠바사〉를 첫 손에 꼽습니다. 〈캡틴 츠바사〉는 일본 국내 뿐 아니라 세계적으로도 큰 사랑을 받은 작품입니다. 일본 네티즌들이 선정한 역대 축구만화 랭킹에서도 단연 1위를 차지하였습니다. 또한 일본 축구선수 치고 〈캡틴 츠바사〉의 영향을 받지 않은 사람이 없다고 할 정도로 일본 축구계에 미친 영향력 또한 매우 컸습니다. 특이하게도 작가인 타카하시 요이치는 고등학교 시절 축구가 아닌 야구부에서 활동했었다고 합니다. 그 밖에 고등학교 축구 부카츠 이야기를 소재로 한 〈엔젤 보이스〉는 리얼리즘을 추구한 본격 축구만화라고 할 수 있습니다.

농구를 소재로 한 만화의 경우 일본에서 지금까지 약 37종의 작품이 출간되었습니다. 역대 농구만화 랭킹 10선을 보면 우리나라에도 잘 알려진 〈슬램덩크〉가 1위, 〈쿠로코의 농구〉가 2위를 나타내고 있습니다. 두 작품 모두 고등학교 농구 부카츠 이야기를 소재로 하고 있으며 리얼리즘을 추구한 본격 스포츠 만화입니다. 일본 농구만화의 개척자이자 초대형,

초장기 베스트셀러인 〈슬램덩크〉에 관해서는 다 소개하기 어려울 만큼 많은 이야깃거리가 있습니다. 인터하이를 중심으로 펼쳐지는 농구부 학생들의 열정을 담은 〈슬램덩크〉는 지금까지 일본에서만 1억2천만 부 이상이 팔렸습니다. 일본의 인구가 약 1억2천만인 점을 감안하면 전 국민이 1권씩은 사 본 셈입니다. 한국에서도 600만 부 이상이 판매된 것으로 알려져 있습니다. 일본의 서적잡지 '다빈치'는 만화가, 평론가 등을 대상으로 일본만화역사 50년을 돌아보는 각종 랭킹조사를 진행했는데 코믹스부문에서 〈슬램덩크〉가 종합 1위를 차지했습니다. 〈슬램덩크〉는 1990년부터 1996년까지 일본만화주간지인 소년점프에 연재되었던 작품입니다. 만화의 폭발적인 인기에 힘입어 일본에서는 농구 붐이 조성되었고, 연재기간동안 일본의 농구경기 인구수가 81만 명에서 102만 명으로 증가했다는 통계가 있습니다. 〈슬램덩크〉의 인기는 한국에도 고스란히 전달되었습니다. 〈슬램덩크〉가 90년대 한국의 농구 붐에 큰 영향을 끼친 사실을 부정할 사람은 없을 것입니다. 참고로 작가인 이노우에 다케히코는 고등학교 시절 농구부 주장까지 했던 것으로 알려져 있습니다. 〈쿠로코의 농구〉는 누계발행부수 3,100만 부를 넘긴 또 하나의 베스트셀러 농구만화입니다. 우리나라에도 정식 번역판이 출간되어 인기를 끌었으며 중국에서도 큰 인기를 모았습니다.

배구를 소재로 지금까지 출간된 만화도 약 37종으로 농구만화와 같은 규모를 보이고 있습니다. 역대 배구만화 랭킹 10선을 보면 우리에게도 잘 알려져 있는 최근 작품인 〈하이큐〉가 1위를 차지하고 있습니다. 중, 고등학교 배구 부카츠 이야기를 소재로 한 〈하이큐〉는 2012년부터 2020년까지 소년점프에 연재되었으며 소년점프의 역대 스포츠만화 중 단행본 누계발행부수 4위를 기록한 대형 베스트셀러입니다. 〈하이큐〉의 작가인 후루다테 하루이치 본인도 중, 고등학교 시절 줄곧 배구 부카츠에 몸담았으며 포지션은 미들블로커(센터)였다고 합니다. 그는 고등학교를 졸업한 후에는 디자인전문학교에 진학하여 만화가가 되었습니다.

〈테니스의 왕자〉는 부카츠 만화를 이야기할 때 절대 빼놓을 수 없는 작품입니다. 1999년부터 2008년까지 소년점프에 연재되었던 〈테니스의 왕자〉는 단행본 누계발행부수 6,000만 부를 넘긴 초대형 베스트셀러입니다. 이는 〈슬램덩크〉, 〈캡틴 츠바사〉에 이어 소년점프의 스포츠 만화 중 역대 3위에 해당하는 것입니다. 중학교 테니스 부카츠의 이야기를 소재로 하였으며 작가인 코노미 타케시 본인도 중, 고등학교 시절 줄곧 테니스 부카츠를 했었다고 합니다.

▶ 〈슬램덩크〉애니메이션 오프닝의 실제배경인 '가마쿠라고교앞' 역의 모습. 강백호의 뒷모
습을 배경으로 열차가 들어오는 애니메이션 속의 장면을 찍기 위해 언제나 관광객들로 붐
비는 곳이다.

문화계열 부카츠를 소재로 한 만화

　문화계열 부카츠를 소재로 한 만화는 체육계열 부카츠 만화에 비하면 상업적으로 성공한 작품의 수가 적습니다. 또한 우리나라에도 잘 알려지지 않은 편입니다. 문화부의 대표주자인 취주악부를 소재로 한 애니메이션 중에는 우리나라에서도 개봉된 적이 있는 〈울려라, 유포니엄〉이 대표적입니다. 고등학교 취주악부의 이야기를 소재로 한 원작소설을 애니메이션화한 작품입니다. 원작소설의 작가인 다케다 아야노 역시 학창시절 취주악부 활동을 해 온 것으로 알려져 있습니다. 취주악부를 소재로 한 만화는 그 밖에도 다수 존재하지만 우리나라에 알려진 작품은 거의 없다고 할 수 있습니다.

　우리나라에서도 비교적 인기를 모았던 작품으로는 〈케이온〉을 들 수 있습니다. 고등학교 경음악부(밴드부) 여학생들의 이야기를 소재로 한 〈케이온〉은 본래 네 컷 만화 전문잡지인 '망가타임 키라라'에 연재되었던 작품입니다. 이를 원작으로 TV 및 극장판 애니메이션이 제작되었고, 우리나라에도 6권짜리 단행본으로 출간된 바 있습니다. '카루타'부 활동을 소재로 한 만화 〈치하야후루〉는 문화계열 부카츠를 다룬 만화 중에는 드물게 상업적인 성공을 거둔 작품입니다. 카루타는 일본 전통의 카드놀이로 가정이나 학교에서 흔히 볼 수 있으며 일본인이라면 누구나 할 줄 아는 전통놀이입니다. 카루타는 단순한 놀이로서 즐길 수도 있지만 경기로서 진행하는 경우도 많습니다. 전국고등학교종합문화제에서도 경기로 진행됩니다. 〈치하야후루〉는 고등학교 카루타 부원들이 전국대회에 출전하는 이야기를 소재로 하고 있습니다. 만화의 인기에 힘입어 애니메이션과 실사영화로도 제작되었으며 우리나라에도 39권짜리 단행본으로 출간된 바 있습니다.

만화의 소재로 과연 재미가 있을까 싶은 '쇼도(書道, 서예)'나 '사도(茶道, 다도)'를 소재로 한 것들도 있습니다. 고등학교 서예부 활동을 소재로 한 〈토메하넷−스즈리고교서예부〉는 서예에 대한 상세한 지식을 제공하면서도 학원 러브스토리적인 요소를 가미하여 나름대로 히트한 작품입니다. 한국에는 출간되지 않았으나 일본에서는 드라마까지 제작되어 방영되었는데 주제가를 동방신기가 불러 화제가 되기도 했습니다. 그 밖에 일본에서 만화의 소재가 된 적이 있는 문화계열 부카츠로는 문예부, 미술부, 연극부, 합창부, 댄스부, 쇼기(장기)부, 사진부, 신문부, 응원단, 마작부, 천문부, 철도연구부, 자원봉사부, 역사문화연구부, 학생회, 게임제작부, 아이돌부, 재판부 등이 있습니다. 사실상 거의 대부분의 문화계열 부카츠들이 만화의 소재가 되고 있는 셈입니다. 일본에는 부카츠에 가입하지 않은 학생들을 지칭하는 '키타쿠부(帰宅部, 귀택부)'라는 용어가 있습니다. '집에 돌아가는 부'라는 의미입니다. 재미난 것은 이 '키타쿠부'를 소재로 한 만화도 있다는 점입니다.

 ## 사회인들의 부카츠와 체육대회

만화 〈하이큐〉에서는 고등학교 배구 부카츠 출신의 사회인들이 각자의 생업에 종사하면서 동네 배구팀을 결성해 활동하는 이야기가 나옵니다. 부카츠는 실제로도 학창시절에 국한되는 활동이 아닙니다. 일본 교육위원회는 부카츠의 활동목적을 다음과 같이 소개합니다.

'부카츠는 전 생애에 걸친 인간형성의 기반을 만드는 데 중요한 역할을 담당한다. 부카츠는 다양한 사람들과 공동체 안에서의 이해와 협력을 통해 스포츠, 문화, 과학 등을 즐길 줄 아는 씩씩하면서도 유연한 인간을 육성하는 것을 목표로 한다.'

쉽게 말해 부카츠는 '전 생애와 관련 있는 활동'이라는 것입니다. 부카츠라는 용어는 대학 이후에는 거의 사용되지 않지만 일본인들은 사회인이 되고나서도 부카츠의 연장이라고 할 수 있는 동호회 활동을 많이 합니다. 사회인들이 활동하는 단체는 전문성에 따라 실업단, 클럽, 동호회 등 여러 가지 분류가 있습니다. 이러한 사회인들의 활동을 이 책의 코드에 맞게 '사회인 부카츠'라고 부르겠습니다. 이는 매우 포괄적인 개념이며 규모 면에서도 어마어마한 것입니다. 예컨대 하나의 카테고리라고 할 수 있는 '사회인 야구'만 소개하려 해도 책 한 권이 필요할 정도입니다. 그만큼 일본 사회인들이 영위하는 스포츠나 문화예술의 저변은 넓고 두텁습니다. 일본은 부카츠를 통해 국가대표까지 선발하는 시스템이기 때문에 우리나라처럼 엘리트 운동선수와 일반인이 엄격하게 구분되어 있지 않습니다. 따라서 사회인 부카츠라고 해도 활동하는 목적에 따라 수준이 매우 다양합니다. 취미나 건강을 목적으로 가볍게 활동하는 사람들도 많지만 프로선수를 목표로 활동하는 사회인들도 많습니다.

사회인들의 체육대회 중 전국적인 규모를 가진 것은 세 가지가 있습니다. 사회인선수권, 실업단선수권, 클럽선수권이 그것입니다. 이들 사회인 대회에 출전하려면 해당종목의 협회나 연맹에 사회인 팀으로 등록되어 있는 개인이나 단체 소속이어야 합니다. 당연히 프로구단에 소속된 선수들은 제외됩니다. 사회인들의 체육대회는 우리나라로 치면 실업선수권대회 같은 성격으로 볼 수 있습니다. 저변이 두터운 종목은 지역예선부터 경쟁이 치열

▶ 사회인 도시대항 야구대회 홍보 포스터

하며 전국대회에는 상당한 실력의 선수들이 출전합니다. 특히 탁구나 배드민턴처럼 일본 내에 프로리그가 없는 종목에서는 국가대표 선수들도 출전합니다. 사회인 대회의 종목으로는 야구, 축구, 농구, 배구, 소프트테니스(정구), 탁구, 배드민턴, 골프, 복싱, 레슬링, 스모, 역도, 체조, 승마, 하키, 럭비, 가라테, 볼링, 자전거, 승마, 라쿠고(落語)** 등이 있습니다.

 ## 마마상배구와 사회인농구

여자배구는 일본의 전통적인 인기종목입니다. 배구가 올림픽 정식종목으로 채택된 1964년 도쿄올림픽에서 일본 여자배구는 금메달을 땄습니다. 68년과 72년 올림픽에서는 은메달을, 76년에는 다시 금메달을 차지했습니다. 세계무대에서의 호성적을 계기로 일본 여자 배구는 큰 인기를 끌었는데 특히 기혼여성들 사이에서 유행하게 되었습니다. 그리고 고도 경제성장으로 주부들이 시간적, 정신적인 여유를 갖게 되면서 레저생활로서의 배구는 더욱 각광을 받게 되었습니다. 1979년에는 전국가정주부 배구연맹이 출범하였고 이후 전국마마상배구연맹(全国ママさんバレーボ

** 우스운 내용으로 듣는 사람들을 재미있게 만드는 이야기 예술로 에도시대(1603~1867)에 성립되어 이어져 내려온 전통 예술이다.

ール連盟)으로 개칭되었습니다. 마마상배구연맹에서는 매년 전국대회를 개최합니다. 참가자격은 기혼에 자녀가 있는 25세 이상의 여성입니다. 단 일본V리그 출장경험이 있는 경우는 35세 이상으로 제한됩니다. 또한 50세 이상의 여성들만 출전하는 '이소지 대회'와 60세 이상의 여성만 출전하는 '고토부키 대회', 70세 이상의 여성들만 출전하는 '오후쿠 대회'도 개최하고 있습니다. 마마상배구는 저변이 상당히 두텁습니다. 예컨대 우리나라의 세종시와 비슷한 약 33만 명의 인구를 가진 홋카이도 아사히카와시(旭川市)에만 40개가 넘는 팀이 있습니다. 참고로 마마상배구는 9인제 배구를 하는 경우가 많습니다.

농구 역시 사회인들이 많이 참여하는 종목입니다. 〈일본사회인농구연맹〉 산하에는 일본실업단농구연맹, 일본클럽농구연맹, 일본교원농구연맹, 일본가정주부농구연맹 등이 있습니다. '전일본사회인농구선수권대회'는 일본 사회인 농구팀의 최강자를 가리는 대회입니다. 이 대회에서 상위에 입상한 두 팀은 프로팀이 참가하는 '전일본농구선수권대회'에 출전할 수 있는 자격이 주어지기도 합니다. '일본사회인골프선수권'은 우리나라의 아마추어 골프 선수들도 초청형식으로 참가해 온 대회입니다. 일본에서는 프로골퍼를 노리는 젊은 선수들도 다수 출전하기 때문에 대회의 수준이 매우 높다고 합니다.

노년층의 부카츠

평균수명이 지금보다 훨씬 짧았던 과거에는 70세 노인을 보기도 어려워 60세만 살아도 큰 경사로 여겼다고 합니다. 평균수명이 크게 늘어났다고는 하지만 여전히 만 60세는 노년층의 시작으로 여기는 나이입니다. 그러나 일본에서는 환갑을 넘겨 사회에서 은퇴한 사람들도 스포츠나 문화예술 활동에 적극적으로 참여하고 있습니다. 이러한 활동을 이 책의 코드에 맞춘다면 '노년층의 부카츠'라고 말할 수 있겠습니다.

노년층 중심의 전국체육대회도 있습니다. 대표적인 것이 연륜(年輪)과 올림픽을 합친 '넨린픽(年輪pic. 연륜pic)'이라는 애칭을 가진 전국건강복지제(全国健康福祉祭)입니다. 1988년부터 시작된 넨린픽은 젊은이들도 출전하지만 60세 이상의 노년층이 중심입니다. 매년 10월경에 개최되며 크게 '스포츠교류대회'와 '문화교류대회'로 나뉩니다. 스포츠 대회로는 축구, 수영, 탁구, 테니스, 소프트테니스(정구), 소프트볼, 골프, 마라톤, 궁도, 검도, 게이트볼, 페탕크 등의 경기가 열립니다. 문화 대회로는 바둑, 쇼기(장기), 하이쿠(俳句)**, 건강마작 등의 경기가 열립니다. 전시공연

** 일본 정형시의 일종. 5, 7, 5의 17음으로 이루어진 단시(短詩)이다. 계절을 나타내는 단어인 기고(季語)와 구의 매듭을 짓는 말인 기레지(切れ字)가 포함된다.

행사로서 미술전, 패션쇼, 음악문화제, 심포지엄 등도 함께 개최됩니다. 4일간의 행사기간 동안 참가하는 인원수는 무려 50여만 명에 이릅니다. 5년 후까지 개최지가 확정되어 있을 만큼 일본 내에서도 높은 관심을 받는 이벤트입니다.

야구는 아예 60세 이상만을 대상으로 한 연맹체까지 존재합니다. 전일본환력연식야구연맹(全日本還曆軟式野球連盟)이 그것입니다. 참고로 일본에서는 '환갑(還甲)' 대신 '환력(還曆)'이라는 표기를 사용합니다. 우리식으로 말하자면 '환갑야구연맹'이 되겠습니다. 이 연맹체에서는 매년 10여개의 노년층 야구대회를 개최합니다. 크게는 60세 이상을 대상으로 한 환력(還曆)대회와 70세 이상을 대상으로 한 고희대회로 나눌 수 있습니다. 가장 큰 대회는 '전일본환력연식야구선수권대회'와 '전일본고희연식야구대회'입니다. 2019년에 각각 35회와 29회째를 맞이했습니다. 고희대회에는 전국에서 무려 64개의 야구팀이 참가하였고 5일 동안이나 펼쳐졌습니다. 최고령 참가자의 나이는 무려 만 94세였습니다.

농구는 재빠른 움직임과 점프가 필요한 스포츠로 관절이 튼튼한 젊은 이들의 스포츠라는 인식이 강합니다. 하지만 일본에서는 이마저도 예외입니다. 매년 2월에 요코하마시에서는 60세 이상의 노년층만을 대상으로 한 환력농구전국대회(還曆バスケ全国大会)가 펼쳐집니다. 이틀 동안 진

행되는 대회에 참가하기 위해 최북단의 홋카이도에서부터 최남단의 오키나와까지 전국에서 모일만큼 그 열기도 대단합니다. 2018년에 우승한 팀의 평균연령은 만 66세에 달했습니다. 대회 출전선수 중 최고령은 무려만 83세였습니다. 만일의 사태를 대비하여 대회장에는 의료진까지 대기한다고 합니다.

 ## 세상의 모든 취미를 겨룬다. 일본선수권대회

'일본선수권대회(日本選手権大会)'란 '선수권대회'라는 이름으로 일본에서 개최되는 종목별 전국대회를 통칭하는 용어입니다. 대중적인 스포츠 종목에서부터 희귀한 취미생활에 이르기까지 무려 100가지가 넘는 분야가 있습니다. 하나하나가 모두 전국대회를 표방하고 있기 때문에 각각의 선수권대회 앞에는 '전일본(全日本)'이라는 거창한 수식어가 붙습니다. 참가자격에 대한 기준은 분야별로 다르기 때문에 일괄하여 설명하기는 어려우나 전 국민이 대상이라고 보는 편이 적합합니다. 각각의 선수권대회 면면을 살펴보다보면 일본인들이 얼마나 다양한 분야의 동호인 활동을 하고 있는지 알 수 있습니다. 보통 사람들은 한 번도 들어보지 못했을 법한 생소한 것들도 적지 않습니다. 그 중 일부만 나열해 보겠습니다.

아크로바틱, 오픈워터스위밍, 카바디, 사이드카, 마이크로라이트, 파라모터, 스피드볼, 스포츠불, 체도(躰道), 바운드테니스, 넷볼, 파워보트, 피클볼, 스누커, 플라잉디스크, 프레스코볼, 페탕크, 매치레이스, 라크로스, 판크라티온

이들은 일반인들에게는 생소한 것들이지만 일본에서는 엄연히 전국대회가 열리고 있는 것들입니다. 이 밖에도 모터스포츠, 수상스포츠, 항공스포츠, 레저스포츠, 전통무술, 해외무술 등 쉽게 접할 수 없는 분야들도 빠짐없이 전국대회를 개최하고 있습니다. 심지어 일본에는 줄다리기연맹, 종이비행기연맹까지 있으며 전일본줄다리기선수권대회, 전일본종이비행기선수권대회라는 것도 존재합니다. '일본메모리스포츠협회'에서는 기억력을 겨루는 전국대회를 개최합니다.

고등학교 부카츠에서 몇 번 등장했던 '국민체육대회'라는 스포츠제전도 있습니다. 우리나라의 전국체전과 비슷한 성격의 이것은 매년 9~10월에 하계대회가 1~2월에 동계대회가 열립니다. 개최지역과 슬로건이 향후 7, 8년 후까지 확정되어 있을 만큼 전국적인 인기를 자랑하는 이벤트입니다. 중학교 3학년생부터 출전할 수 있으며 각 지역의 팀 혹은 개인이 지역을 대표해 참가하는 방식입니다. 순위 역시 우리나라의 전국체전과 마찬가지로 지역별로 매깁니다.

▶ 일본의 국민체육대회를 기념해 발행된 우표

4

부카츠와
일본인

육상부 출신 피아니스트

일본인들에게 학창 시절의 부카츠가 무엇이었는지 물어 보면 연령에 관계없이 누구나 단 번에 대답합니다. 그만큼 의미 있는 활동이었다는 뜻입니다. 20대 초반에 만나 20년 가까이 교류해 온 일본인 지인이 있습니다. 그는 명문대 출신이지만 대학 졸업 후에는 줄곧 피아니스트로 살아가고 있습니다. 7세 때 피아노를 시작한 그는 대학시절부터 본격적으로 음악활동을 하였고 현재는 일본 전국을 순회하며 연주활동을 하고 있습니다. 얼마 전 그에게 고등학교 시절의 부카츠에 대해 물어보았습니다. 그는 육상부였는데 학창시절의 부카츠에 대한 생각을 다음과 같이 이야기해 주었습니다.

"육상부 훈련은 정말 힘들었어요. 중간에 몇 번이나 포기하려고 했지요. 하지만 3학년 은퇴할 때까지 포기하지 않고 버텼어요. 저는 육상부 활동을 통해 쉽게 포기하지 않는 끈기를 배웠어요. 지금까지 피아니스트로 살아오면서 어려움도 많았어요. 그 때마다 육상부 시절을 떠올렸지요. 육상부를 했던 경험은 인생에서 마주치는 어려움을 극복하는데에 큰 도움이 되었답니다."

지인의 이야기처럼 부카츠는 일본인들의 삶에 적지 않은 영향력을 끼치는 존재입니다. 특히 부카츠는 직업과의 연관성이 높은데 그것은 대략 4가지 케이스로 나눌 수 있습니다. 첫 번째는 부카츠가 곧 직업으로 연결되는 경우입니다. 가장 드문 케이스입니다. 부카츠는 기본적으로 직업으로 삼기위한 활동이 아니기 때문입니다. 여기에 해당하는 사람들은 프로운동선수 정도가 되겠습니다. 두 번째로 다른 직업을 가지고 있되 부카츠를 부업, 취미생활, 봉사활동, 자아실현 등의 의미를 가지고 지속적으로해 나가는 경우입니다. 2부에서 소개했던 축구소년단 감독님과 코치들, 배구부 코몬 선생님들과 지슈렌 코치들이 여기에 해당합니다. 참고로 축구소년단 감독님은 재활용품 수집회사를 경영하면서 동시에 축구 지도자로서의 커리어를 오랫동안 쌓은 분이었습니다. 세 번째로는 부카츠를 다른 기술과 접목시켜 직업의 일부분으로 삼는 경우입니다. 예컨대 학창시절 야구부였던 사람이 만화기술에 야구지식을 접목시켜 야구만화를 그리는 경우가 여기에 해당합니다. 네 번째는 학창시절의 부카츠와 직접적인 관련이 없는 일을 하며 살아가는 케이스입니다. 그러나 이 경우에도 부카츠를 통해 얻은 깨달음 등 무형적인 유산이 영향력을 가질 수 있습니다. 피아니스트인 지인도 이 네 번째 케이스에 해당합니다.

문무양도와 대기만성

부카츠를 이야기할 때 흔히 '문무양도(文武兩道)'라는 개념이 자주 사용됩니다. 문무(文武)란 학문(學文)과 무예(武藝)를 줄인 말이고, 양도(兩道)란 '두 길'이라는 의미입니다. 즉 '학문과 무예의 두 길'이라는 의미입니다. 좀 더 쉽게 말하자면 공부와 운동(혹은 예술)을 병행한다는 의미입니다. 부카츠는 일본의 교육계가 추구하는 '문무양도'의 가치를 실현하는 핵심적인 교육활동입니다. 이러한 부카츠 시스템을 개인적으로는 양립(兩立)시스템이라고 부르고 싶습니다. 부카츠는 문무양도를 실천하기 위해 특정 분야를 연계성 있게 연마할 수 있는 시스템을 가지고 있습니다. 예를 들어 축구부는 대부분의 초, 중, 고, 대학에서 운영합니다. 그래서 초등학교 때 축구를 시작한 학생은 본인이 그만두지 않는 이상 대학교까지 지속적으로 축구실력을 연마할 수 있는 것입니다.

부카츠는 '대기만성'이라는 개념과도 연관 지을 수 있습니다. 양립시스템의 특징상 부카츠에 투입하는 시간은 제한적일 수밖에 없습니다. 한 분야에 몰입하는 시스템에 비하면 숙련도를 높이는 데 시간이 더 걸릴 수 있습니다. 반면 장기간 연마할 수 있는 시스템 덕분에 대기만성이라는 가치를 실현할 가능성 또한 높습니다. 예컨대 고등학교 때까지 실력을 인정받지 못했던 야구부 학생이 대학 야구부를 거쳐 사회인 야구부에서도 지속적으로 실력을 연마해 뒤늦게 프로선수가 될 수도 있는 것입니다.

학창시절 부카츠에 어떤 의미를 부여하고 참여하는지는 개인에 따라 다릅니다. 가벼운 취미활동으로 생각하는 학생도 있고 장래와 연관 지어 열심히 참여하는 학생도 있습니다. 또한 개별 부카츠마다 활동 빈도와 훈련 강도, 성격이 모두 다릅니다. 학창시절 부카츠에 열정적으로 참여했던 사람들은 대개 성인이 된 후에도 부카츠와의 연결점을 찾는 경우가 많습니다. 일본 학생들은 짧으면 6년(중, 고), 길면 16년(초, 중, 고, 대)이라는 시간 동안 부카츠를 합니다. 학교를 졸업했다고 해서 그렇게 많은 시간을 투자해 연마했던 기술이나 기능을 묻어버리는 것은 아까운 일입니다. 따라서 부카츠를 자신의 인생과 연관 지으려 하는 사람들이 많습니다. 4부에서는 부카츠와 일본인의 삶을 주제로 이야기를 해 보고자 합니다. 학창시절의 부카츠가 구체적으로 어떤 인물들에게 어떤 영향을 끼쳤는지 알아보겠습니다.

▶ 야구부 학생들의 훈련 모습. 부카츠에서는 계단을 오르내리는 훈련을 자주 한다.

 ## 문무양도의 모범사례, 이와마사 다이키

　이와마사 다이키는 2008년부터 2012년까지 일본 축구대표팀의 수비수로 활약한 선수입니다. 2008년과 2009년에는 일본 프로축구 J리그에서 베스트일레븐에 선정되기도 하였습니다. 그는 야마구치현(山口県) 출신으로 중학교 때 '오시마JSC'라는 지역 클럽팀에서 축구를 시작했습니다. 학교에서는 육상 부카츠를 했습니다. 그의 부모님은 두 분 다 교사였는데 그 영향으로 이와마사는 공부도 열심히 했습니다. 이와마사는 중학교 졸업 후 학업과 축구를 병행하기 위해 왕복 3시간이 걸리는 고등학교에 진학했습니다. 그가 입학한 학교는 지역 명문고**였습니다. 그는 남들보다 일찍 등교해 수업이 시작되기 전에 혼자 축구연습을 했습니다. 방과 후에는 축구 부카츠에서 열심히 훈련했습니다. 공부는 주로 왕복 3시간이 걸리는 지하철 안에서 집중해서 했습니다. 고등학교 축구부 시절 이와마사는 야마구치현 대표로 선발됐지만 전국대회에는 한 번도 나가지 못했습니다. 전국 고등학교 선발팀에 뽑힌 적도 없었습니다. 그는 스스로도 다른 선수에 비해 재능이 부족하다고 느꼈습니다. 그의 집안에도 운동선수 출신은 한 명도 없었습니다. 그는 고등학교를 졸업할 때까지 프로축구선수가 아닌 수학교사가 되는 것을 목표로 생활했습니다. 이와마사는 일반입시를 통해 일본을 대표하는 사범대학인 동경학예대학교에 진학했습니다. 동시에 대학 축구부에 들어가 축구선수로서의 커리어도 이어나갔습니다. 그는 교생실습을 비롯한 모든 수업을 정상적으로 이수하면서 동시에 축구 훈련에도 많은 시간을 쏟았습니다. 대학축구리그에서 좋은 활약을 이어간 그는 점차 주목받는 선수가 되어 갔습니다. 그리고 남들보다는 늦었지만 마침내 프로 진출에 성공하였습니다. 훗날 일본 국가대표 커리어까지 경험한 그는 이렇게 말합니다.

** 참고로 일본에서는 대학입시에서 좋은 성적을 내는 학교를 '명문고'대신 '진학교(進学校)'라고 부른다.

"공부와 운동을 병행하고 싶다면 시간을 효율적으로 사용할 수 있는 자신만의 계획이 필요합니다. 그리고 실천만 할 수 있다면 시간은 부족하지 않은 법입니다. 결코 공부와 운동 두 가지를 못할 이유는 없습니다."

이와마사는 열심히 공부했던 습관이 축구선수생활에도 큰 도움이 되었다고 말합니다. 예컨대 사범대에서 수학을 전공한 그는 수학적인 사고가 플레이를 분석하고 예측하는 데 도움이 된다고 말합니다. 그는 운동 때문에 공부를 할 수 없는 게 아니라, 운동을 열심히 하기 때문에 공부도 잘할 수 있다는 긍정적인 마인드가 필요하다고 강조합니다. 이와마사의 이야기는 문무양도의 표본을 잘 보여주는 케이스라고 할 수 있겠습니다. 그는 학업성적으로 명문대에 입학했고 국가대표 축구선수가 되었습니다. 도저히 양립할 수 없을 것 같은 두 가지를 다 이루어 낸 것입니다. 그의 긍정적인 마인드와 효율적인 시간관리가 그것을 가능하게 했을 것입니다. 하지만 드라마 같은 그의 성취 속에 숨어 있는 부카츠의 존재를 주목하지 않으면 안 됩니다. 이와마사가 문무양도의 길을 성공적으로 걸을 수 있었던 배경에는 공부와 축구를 병행할 수 있는 부카츠 시스템이 존재했던 것입니다.

고시엔 스타에서 교사로, 쿠보 타카히로

쿠보 타카히로는 2007년 고시엔에서 사가키타(佐賀北)고등학교의 선발투수로 팀을 우승으로 이끌었던 선수입니다. 2007년 고시엔은 '기적'이라 불리는 대회였습니다. 시골의 공립학교로서 철저한 야구 무명이었던 사가키타 고등학교가 전국의 기라성 같은 야구 명문고들을 모두 꺾고 우승을 차지했기 때문입니다. 당시 결승전 선발투수로 나섰던 쿠보는 고시엔 우승으로 일약 전국적인 스타덤에 올랐습니다.

미일친선야구 고교 대표로 뽑혔고 야구명문인 츠쿠바대학에 진학했습니다. 대학에서도 리그 방어율 2위를 기록하는 등 선수로서의 활약을 이어갔습니다. 그러나 그는 대학을 졸업한 후 프로야구가 아닌 사회인 야구의 길을 선택했습니다. 짧은 사회인 야구선수생활을 마치고 그는 곧바로 교육대학원에 입학했습니다. 그 후 교원자격시험에 합격하여 2016년에는 모교인 사가키타 고등학교 교사로 부임하였습니다. 그리고 선수로서 고시엔 진출을 이뤄냈던 모교 야구부의 코몬(부카츠 지도교사)을 맡았습니다. 2019년에 사가키타 고등학교가 다시 한 번 고시엔 진출을 확정지으면서 쿠보는 지도자로서 또 한 번의 고시엔 무대를 밟게 되었습니다.

한 편의 드라마 같은 쿠보의 이야기는 부카츠의 순기능을 잘 보여준 사례라고 할 수 있습니다. 부카츠 시스템의 특징상 쿠보 역시 학업과 운동을 병행할 수 있었습니다. 고시엔에서 우승할 당시 사가키타 고등학교의 야구부는 선수들이 학업에 지장을 받는 일이 없도록 그 흔한 야간훈련조차 금지했었다고 합니다. 또한 정기고사를 앞둔 시점에는 정규훈련도 하지 않고 학업에 집중하게 했다고 합니다. 이러한 시스템 속에 쿠보는 야구를 하면서도 공부하는 습관을 몸에 익힐 수 있었던 것입니다. 쿠보는 대학시절까지 에이스급 투수로 활약했음에도 졸업 후 교원자격시험에 합격해 정식 교사가 될 수 있었습니다. 이러한 쿠보의 발걸음은 학업과 운동을 병행시키는 부카츠 시스템이 이끌어낸 것이었다고 해도 과장이 아닐 것입니다.

명문대 출신의 세계적인 드러머, 짐보 아키라

짐보 아키라는 일본이 낳은 세계적인 드러머이자 뮤지션입니다. 전설적인 퓨전재즈밴드인 '카시오페아' 출신으로 잘 알려져 있는 그는 18세라는 늦은 나이에 드럼을 시작해 프로 뮤지션으로 전향한 인물입니다. 그는 일본 최고 명문대학 중 하나인 게이오대학 출신으로 학내 빅밴드 부카츠인 '라이트뮤직소사이어티'에서 본격적으로 드럼을 연주하기 시작했습니다. 그리고 그의 연주를 눈여겨 본 카시오페아의 멤버에게 스카우트되어 프로 뮤지션의 길을 걷게 되었습니다. 명문대 출신의 뮤지션이야 이따금 볼 수는 있지만 연주자로서 그의 위상은 조금 남다르다고 할 수 있습니다. 그는 세계적인 권위의 미국 드럼 전문 사이트가 선정한 세계 500대 드러머 중 오랜 기간 유일한 아시아인이었습니다. 세계적인 네임밸류를 가진 세계 탑 드러머들만 출연하는 '월드드러머페스티벌' 무대에 아시아인으로서 유일하게 섰던 인물도 바로 그였습니다. 네임밸류로 보나 연주력으로 보나 그를 세계적인 드러머 중 한 사람으로 부르는 데는 이견이 없는 상황입니다.

짐보 아키라가 세계적인 드러머이자 뮤지션으로서 성장할 수 있었던 출발점은 라이트뮤직소사이어티 활동이었습니다. 흔히 스쿨밴드는 프로에 비해 실력이 모자란다고 생각하기 쉽지만 라이트뮤직소사이어티는 그렇지 않습니다. 일본의 권위 있는 빅밴드 콩쿠르인 '야마노빅밴드재즈콘테스트'에서 라이트뮤직소사이어티는 국립음악대학의 빅밴드인 '뉴타이드' 보다도 더 많이 우승했습니다. 또한 스위스 몽트뢰 재즈페스티벌, 미국 몬트레이 재즈페스티벌 같은 세계적인 음악축제에 출연할 만큼 프로급 연주력을 인정받고 있는 밴드입니다. 부카츠 용어 중에는 주전멤버를 의미하는 '레귤러'라는 단어가 있습니다. 라이트뮤직소사이어티는 그 권위와 실력에 걸맞게 '레귤러' 경쟁이 매우 치열한 것으로 알려져 있습니다. 3학년이 될 때까지 레귤러로 선발되지 못하면 다른 대학의 밴드로 자리를 옮겨 활동하는 경우가 많다고 합니다. 그리고 4학년 때 돌아와 레귤러에 다시 도전을 하는데 그 때마저도 무산되면 졸업할 때까지 아예 다른 대학의 밴드에서 활동하기도 합니다.

라이트 뮤직 소사이어티는 일본 최고의 학생 빅밴드로서 수많은 연주 의뢰나 출연요청을 받습니다. 활동비용은 연주활동과 각종 대회에서 받는 상금으로 충당하는 것으로 알려져 있습니다. 스쿨밴드이지만 프로뮤지션의 삶을 경험해 볼 수 있는 부카츠라 할 수 있겠습니다. 짐보 아키라 역시 라이트뮤직소사이어티의 활동을 통해 드럼연주 뿐 아니라 프로연주자의 생활을 함께 배울 수 있었습니다. 명문대에서의 학업과 함께 드러머로서 활약한 짐보 아키라 역시 문무양도를 실천한 케이스라고 할 수 있습니다.

도쿄대 법대 출신의 프로야구선수, 미야다이 고헤이

일본 최고의 대학인 도쿄대 출신으로서 일본 프로야구단에 정식으로 입단한 선수는 지금까지 6명이나 됩니다. 니하리 신지, 이데 다카시, 고바야시 이타루, 엔도 료헤이, 마쓰카 다카히로, 미야다이 고헤이가 바로 그들입니다. 도쿄대와 쌍벽을 이루는 최고 명문인 교토대 출신으로는 2014년에 지바롯데마린스의 지명을 받은 다나카 에이스케라는 선수가 있었습니다. 그러나 이들의 프로선수 경력은 대부분 짧게 끝났고 아직까지 크게 성공한 케이스가 없는 것도 사실입니다. 그러나 순수한 학업성적으로 최고의 대학에 입학한 이들이 프로야구선수가 되었다는 것만으로도 놀라운 일이 아닐 수 없습니다. 특히 도쿄대와 교토대의 야구부는 (서울대 야구부처럼)일반입시로 입학한 학생들로만 구성되어 있습니다. 스포츠추천으로 입학한 학생들로 구성된 다른 대학의 야구부와는 출발점부터 다른 것입니다. 도쿄대 야구부 출신으로 2021년 기준 유일한 현역 선수인 미야다이 고헤이에 관해 조금 더 이야기해 보겠습니다.

1995년생인 미야다이는 최고 150km의 직구를 던지는 좌완투수로 2017년에 홋카이도를 연고로 하는 '닛폰햄파이터스'에 7순위로 지명되어 정식 프로야구선수가 되었습니다. 도쿄대 출신 프로야구 선수가 배출된 것은 2004년 마쓰카 다카히로 이후 무려 13년만의 일이었습니다. 더 큰 화제를 모은 것은 그가 역대 도쿄대 출신 중 유일한 법대 출신이라는 점이었습니다. 도쿄대 안에서도 최고의 수재들이 모인다는 법대에서 프로야구 선수가 배출되는, 그야말로 만화 같은 스토리가 현실이 된 것입니다. 그는 가나가와현 출신으로 초등학교 3학년 때 '토츠카에ACF호크스'

라는 클럽에서 야구를 시작했습니다. 그는 고등학교를 졸업 때까지 야구 선수로서는 큰 주목을 받지 못했습니다. 고등학교 야구부 시절 최고 성적은 가나가와현 지역대회 8강이었습니다. 하지만 그는 야구뿐 아니라 공부도 1등을 목표로 줄곧 최상위 성적을 유지했습니다. 그리고 도쿄대 법대에 진학한 이후로는 점점 야구선수로서도 주목받기 시작했습니다. 2016년 릿쿄대학과의 경기에서 도쿄대 투수로서는 11년 만의 완봉승을 따냈고, 같은 해 와세다대학과의 경기에서는 13개의 탈삼진을 기록하기도 했습니다. 그 해 미일 대학야구선수권대회에서는 도쿄대 출신으로 역대 2번째이자 33년 만에 일본 대학대표로 선발되었습니다. 미일 대학야구선수권대회 당시에도 숙소에서 법전을 공부했다는 일화가 알려지며 또한 번 화제를 모으기도 했습니다. 미야다이는 도쿄대 법대라는 학벌에 미련이 없다고 당당하게 말합니다. 프로야구선수로서 그의 도전은 아직 현재진행형입니다.

도쿄대 공대 출신의 J리거, 구키타 신고

도쿄대생들에게 일본 프로축구 J리그는 야구보다 더 높은 통곡의 벽(?)이었습니다. 2021년까지 도쿄대학 출신으로 J1 리그에 진출한 선수는 단 한 명도 없습니다. 그러나 도쿄대는 구키타 신고라는 단 한 명의 J2리거를 배출하였습니다. 1988년생으로 도쿄대 공대를 졸업한 구키타 신고는 2011년 J2리그 팀인 파지아노 오카야마FC에 입단하여 프로축구선수로서의 커리어를 시작했습니다. 2020년에는 J3리그 팀인 더스파 쿠사츠 군마에서 현역생활을 이어나가고 있습니다. 그는 초등학교 3학년 때 방과 후 클럽에서 축구를 처음 시작해 중, 고등학교 시절에도 부카츠로 축구를 계속했습니다. 구마모토고등학교 재학시절에는 학업에 열중하면서도 매일 1시간 반씩 축구연습을 했고 최고 성적은 구마모토(熊本)현 지역대회 8강이었습니다. 도쿄대 입학식에서 그는 "누구도 도전하지 않는 일에 도전하라!"는 연설자의 말에 감명을 받아 도쿄대 출신 첫 J리그 선수가 되겠다는 결심을 했습니다. 대학시절 내내 기숙사에서 생활하며 오로지 학업과 축구에만 몰두했고 도쿄대 축구부에서는 주장으로 활약했습니다. 그는 졸업을 앞두고 자신의 플레이가 담긴 DVD를 제작해 프로구단에 보내는 등 축구선수로서의 자신을 적극적으로 어필했습니다. 그리고 파지아노 오카야마FC의 선택을 받으며 도쿄대 출신 최초의 J리거가 되었습니다. 그는 오카야마에서 수비수로 7년간 12골을 기록하는 등 나쁘지 않은 활약을 펼쳤습니다.

구키타는 고등학교 때까지 프로축구선수가 되겠다는 목표가 없었습니다. J리그를 목표로 본격적으로 훈련한 것은 도쿄대에 입학한 이후였습니다. 남들보다 늦게 프로 진출이라는 목표를 세웠음에도 구키타는 그 목표를 달성할 수 있었습니다. 도쿄대에 정식 대학축구선수로서 활동할 수 있는 축구부가 있었기에 가능한 일이었습니다. 만일 도쿄대에 축구부가 없었더라면 구키타 역시 프로축구선수라는 목표를 세우지 못했을 것입니다. 참고로 도쿄대는 축구부를 비롯해 무려 50개가 넘는 체육계열 부카츠를 운영하고 있습니다.

사회인 야구 출신의 특급투수, 노모 히데오

노모 히데오는 미국 메이저리그베이스볼(MLB)에서 박찬호와 동시대에 활약했던 선수로 우리에게도 친숙한 인물입니다. 그는 사회인 야구 출신으로 본래 프로 진출이 남들보다 늦었던 선수입니다. 일본 야구의 성지인 오사카 출신으로 초등학교 시절 부카츠로 야구를 시작한 그는 중학교 때까지는 무명투수였다고 합니다. 노모는 야구명문고인 오사카 PL고등학교**의 입단테스트를 받았으나 "너 정도의 투수는 우리학교에 널렸다."며 퇴짜를 맞았습니다. 낙담한 노모는 야구부가 무명에 가까운 세이

** 고시엔 7회 우승 등. 전국 최고의 야구 명문 고등학교였으나 부내 폭력 등 윤리적인 문제가 지속적으로 발생하여 야구부가 해체되고 말았다.

조공업(成城工業)고등학교에 들어갔습니다. 고등학교 진학 후 재능을 드러내기 시작한 노모는 2학년 때 전국대회 오사카부 지역예선에서 퍼펙트게임을 달성하기도 했습니다. 하지만 팀이 약체였던 탓에 졸업할 때까지 고시엔 무대는 끝내 밟지 못했습니다. 그는 졸업 후 곧바로 프로의 문을 두드렸습니다. 한 프로구단이 노모의 영입을 검토했지만 '토네이도' 라고 불리던 그의 특이한 투구 폼 탓에 지명을 포기하고 말았습니다. 또 한번 좌절을 맛본 노모는 '신일본제철사카이'라는 회사에 입사, 회사생활과 야구를 병행하기 시작했습니다. 입사 당시 그는 '평생 이곳에서 일하게 되는 건가.'하는 생각까지 했다고 합니다. 하지만 그는 포기하지 않았습니다. 3년 동안 사회인 야구리그에서 탁월한 성적을 올렸습니다. 아마추어 신분이었던 덕택에 1988년 서울올림픽에도 출전해 큰 활약을 펼쳤습니다. 올림픽에서의 활약을 계기로 프로구단들의 러브콜을 받은 노모는 1990년 긴테쓰버팔로스라는 프로구단에 입단했습니다. 그는 프로입성 후 단 5년 만에 일본야구를 평정했습니다. 특히 다승과 탈삼진 부문의 투수 2관왕을 4년 연속 이루어낸 것은 일본프로야구 역사상 최초의 기록이었습니다. 그는 1995년에 미국 메이저리그에 진출하여 그 해 신인왕을 수상했습니다. 그리고 메이저리그 통산 123승과 양대 리그 노히트노런**이

** 미국 메이저리그는 아메리칸리그, 내셔널리그로 나뉜다. 1996년 내셔널리그 LA다저스 소속으로 '투수들의 무덤'으로 유명한 콜로라도 쿠어스필드에서 노히트 노런, 2001년 아메리칸리그 보스턴레드삭스 소속으로 노히트 노런을 달성했다.

라는 기록을 남기고 은퇴했습니다. 그는 '소시민은 도전하는 자를 비웃는다.'는 유명한 말을 남기기도 했습니다.

노모는 고교시절부터 주목을 받긴 했지만 대기만성형에 더 가까운 인물로 볼 수 있습니다. 그의 스토리에서 주목하고 싶은 것 역시 부카츠의 연속성에 관한 부분입니다. 그는 초등학교 부카츠에서 시작해 고등학교를 졸업할 때까지 야구를 계속할 수 있었습니다. 고교 졸업 후 프로 진출에 실패하였음에도 사회인 야구라는 일종의 '사회인 부카츠'에서 선수생활을 이어갈 수 있었습니다. 만일 부카츠라는 시스템이 없었더라면 우리가 알고 있는 노모 히데오라는 선수는 탄생하지 않았을 것입니다.

30대에 세계 정상에 서다, 고다이라 나오

2018년 평창 동계올림픽 여자스피드스케이팅 500m 금메달리스트인 고다이라 나오[**]는 30대에 전성기가 찾아온 독특한 사례입니다. 올림픽 금메달리스트이지만 놀랍게도 그녀 역시 사회인 출신인데 그 과정을

[**] 2017삿포로 아시안게임 500m, 1000m 금메달, 2017강릉 세계선수권 500m 금메달, 2017캘거리 세계선수권(스프린트)금메달, 2019헤이렌베인 세계선수권(스프린트) 금메달, 2020솔트레이크시티 세계선수권 500m 금메달 등

좀 살펴보겠습니다. 그녀는 1998년 동계올림픽을 개최한 나가노현(長野縣)에서 태어났습니다. 동계종목이 활성화되어 있는 지역이었기에 그녀는 중, 고등학교 시절 부카츠로 스피드스케이팅을 하였습니다. 그녀는 고등학교 시절 인터하이에서 500m와 1000m 2관왕을 달성한 유망주였습니다. 하지만 졸업 후 다른 유망주들과는 다른 길을 걸었습니다. 당시 스피드스케이팅 유망주들은 고교 졸업과 동시에 실업팀에 입단하는 경우가 많았는데 그녀는 일반입시를 치르고 대학에 진학한 것입니다. 그녀가 선택한 곳은 교원자격을 취득할 수 있는 신슈대학교 교육학부였습니다.**
그리고 대학 부카츠에서도 스피드스케이팅을 계속했습니다. 하지만 국제적인 지명도가 거의 없었던 탓에 졸업을 앞두고도 스폰서 기업을 구하지 못했습니다. 천만다행히 재활훈련으로 인연을 맺고 있던 '아이자와 병원'이 그녀를 스포츠장애예방센터의 직원으로 채용해 주었습니다. 그녀는 일과 스피드스케이팅을 병행하며 대회가 있을 때는 병원직원으로서 장기출장의 명목으로 출전했습니다. 하지만 20대 중후반까지 세계무대 메달권에 좀처럼 안착하지 못했습니다. 그녀는 다시 한 번 모험을 감행하기로 결심했습니다. 만 28세의 나이에 네덜란드로 스케이팅 유학을 떠나기로 한 것입니다. 그것 역시 병원 측의 양해가 있었기에 가능한 일이었습니

** 그녀는 신슈대학교 평생스포츠과정 지역스포츠전공으로 학사학위를 취득했다. 대학시절에 각종 국제대회에 출전했음에도 학점이수와 관련하여 대학 측에서는 그녀에게 어떤 특혜도 제공하지 않았다고 한다.

다. 결과적으로 유학을 통해 실력이 급성장한 그녀는 30대에 들어서면서 기록이 일취월장했습니다. 그리고 만 32세라는 늦은 나이에 올림픽 금메달을 차지하게 됩니다. 올림픽 시상대의 가장 높은 곳에 서는 그 순간까지도 그녀는 아이자와 병원의 직원 신분이었다고 합니다.

그녀의 이야기 역시 부카츠에 의한 '대기만성형' 스토리라고 할 수 있습니다. 부카츠가 있었기에 그녀는 학업과 스피드스케이팅을 지속적으로 병행할 수 있었습니다. 고교 시절 전국대회 2관왕까지 차지했던 선수가 일반 입시로 사범대학에 입학한 것 또한 주목할 만한 부분입니다. 먼저는 학업을 소홀히 하지 않은 그녀의 성실함이 있었겠으나 역시 부카츠 시스템이 아니면 나오기 힘든 케이스라 볼 수 있습니다. 또한 장래가 불투명한 스케이터였던 그녀를 물심양면으로 지원한 아이자와 병원의 이야기도 눈여겨 볼 필요가 있습니다. 2부에서 축구소년단의 운영비를 마을의 영세 상인들이 후원하고 있었다는 이야기를 소개한 바 있습니다. 그녀를 물심양면으로 지원했던 아이자와 병원 역시 그녀가 태어나고 자란 나가노현의 한 지역병원이었습니다. 아이자와 병원은 나가노현 출신의 그녀가 언젠가 세계 최고의 스케이터가 될 것이라는 믿음으로 오랜 시간 지원과 응원을 보냈습니다. 이처럼 부카츠는 지역사회의 관심과 후원을 버팀목으로 장기적인 안목 속에 지역 유망주를 발굴하고 키워내는 역할을 하고 있습니다.

보스턴마라톤에서 우승한 공무원, 가와우치 유키

가와우치 유키는 2018년 제122회 보스턴 마라톤 대회에서 우승할 당시 학교 공무원 신분임이 알려져 세계적인 유명세를 얻었습니다. 그는 중, 고등학교시절 부카츠로 육상을 하다가 성적 부진과 부상으로 대학 진학 이후에는 아예 선수로 뛰지 않았다고 합니다. 대학 졸업 이후에도 실업팀 입단을 물색하는 대신 공무원 시험을 준비하여 합격하였습니다. 평일에는 고등학교 행정실에서 정규직 공무원으로서 주 40시간 이상 근무했습니다. 그리고 퇴근 후와 주말을 이용해 마라톤과의 인연을 이어갔습니다. 전문 선수들에 비해 훈련시간이 절대적으로 부족했지만 그는 뛰어서 출퇴근을 하며 달리기 감각을 유지했습니다. 훈련 파트너가 없다는 핸디캡은 최대한 많은 대회에 출전하는 방법으로 극복해 갔습니다. 코치도 없이 독자적인 훈련법을 개발하여 훈련했음에도 그의 실력은 꾸준히 상승했습니다. 그는 2011년 도쿄마라톤 대회에서 2시간 10분벽을 깨며 3위에 올랐고, 2014년 인천 아시안게임에서는 동메달을 획득했습니다. 그리고 세계 최고의 역사와 권위를 자랑하는 보스턴 마라톤에서 아프리카의 강자들을 모두 제치고 우승을 거머쥐어 세계를 놀라게 했습니다. 특히 2011년 도쿄마라톤에서 2시간 8분대의 개인 최고기록을 작성한 직후 인터뷰에서는 "요즘 입시철이라서 내일도 정상 출근한다."고 말해 화제가 되기도 했습니다.

가와우치 유키도 실업팀에 입단해 마라톤에 전념할 수 있는 기회가 여러 번 있었다고 합니다. 그런데 달리기를 너무 순수하게 좋아했던 그는 엘리트 육성시스템이 자신에게 맞지 않는다고 판단해 실업팀 입단을 스스로 포기한 것으로 알려졌습니다. 그는 이렇게 말합니다.

"실업팀에 들어가 돈과 성적에 얽매이면서 달리고 싶지 않아요. 나 자신을 위해 자유롭게 달릴 때가 가장 행복합니다. 뛰면서 죽어도 좋다고 생각하면서 마라톤을 합니다. 좋아하는 일이기 때문에 실업팀 선수들에게 지고 싶지는 않아요."

실적으로 평가 받는 엘리트시스템보다는 순수한 아마추어 정신의 부카츠에 더 어울리는 인물임을 알 수 있는 대목입니다. 가와우치는 비록 일반인 신분이지만 세계적인 마라톤 대회에 잇따라 입상하면서 신분과 실력은 별개의 문제라는 사실을 입증해 보였습니다.

9년 만에 이룬 프로야구선수의 꿈, 미츠이 코지

미츠이 코지는 2001년부터 2009년까지 일본 프로야구 세이부라이온스의 좌완투수로 활약한 선수입니다. 그는 프로통산 36승을 거둔 투수로 유명한 선수는 아니었습니다. 하지만 그는 고등학교 졸업 후 무려 9년이라는 인고의 세월 끝에 만 27세라는 늦은 나이에 프로진출에 성공한 의지의 사나이였습니다. 미츠이는 인구가 9천 명에 불과한 홋카이도의 시골 동네인 '아쇼로군' 출신입니다. 그는 초등학교 5학년 때 야구를 시작했고 중학교에서도 야구부 활동을 했습니다. 하지만 그는 늘 후보 선수였고 중학교를 졸업할 때까지 프로야구선수가 되겠다는 생각을 해 본 적은 없었습니다. 그는 지역 공립 고등학교에 진학했는데 그 학교의 야구부는 철저한 무명이었습니다. 감독은 야구에 대해 거의 모르는 인물이었습니다. 그런 열악한 환경에서도 미츠이는 피칭법을 스스로 연구하며 훈련했습니다. 그가 속한 고등학교 야구부는 약체였지만 팀원들의 단합이 좋았습니다. 상대팀이 어떤 학교든 주눅 들지 않고 시합에 임한 덕분에 때때로 강호를 상대로 승리를 거두기도 했습니다. 고등학교 졸업 후 그는 '신일본제철무로란'이라는 사회인 야구팀에 들어갔습니다. 그는 사회인 야구를 거쳐 프로에 진출하겠다는 목표를 세우고 열심히 운동했습니다. 하지만 입단 2년째에 팔꿈치 부상으로 시즌을 통째로 쉬고 말았습니다. 겨우 복귀했을 때는 팀이 해체되는 바람에 다른 사회인 팀으로 이적할 수밖에 없었습니다. 그러나 거기에서도 부상을 당해 다시 1년을 날리고 말았습니다. 그리고 어렵게 복귀한 다음 해에도 팔꿈치 부상이 재발해 다시 한 번 시즌을 통째로 쉬고 말았습니다. 그러나 끈질긴 재활 끝에 그는 사회인 야구에 성공적으로 복귀했고 2년간 팀의 에이스로 활약했습니다. 그리고 고등학교 졸업 후 무려 9년 만에 꿈에 그리던 프로 진출에 성공하게 됩니다. 사이타마에 연고지를 둔 프로구단인 세이부라이온스가 그를 지명한 것입니다. 프로 지명 후 그는 두 번째, 세 번째 시즌에 연속으로 10승 이상을 거두는 좋은 활약을 펼쳤습니다. 그는 세이부라이온스에서만 9년 동안 활약한 뒤 만 36세에 은퇴했습니다. 현재는 야구도장을 경영하며 후진을 양성하는 동시에 메이저리그 TV해설자로 일하고 있습니다.

미츠이 코지는 시골 공립 고등학교 출신으로 고등학교 졸업 때까지 제대로 된 야구코칭을 받아 보지 못했음에도 프로야구 선수의 꿈을 이루었습니다. 이는 엄청난 저변을 가진 일본 야구계의 사정을 알고 보면 기적과 같은 사례라고 할 수 있습니다. 그의 강한 의지와 열정이 성공의 가장 큰 요인이었겠지만 부카츠의 존재가 없었다면 프로선수의 꿈을 이루기는 어려웠을 것입니다. 그는 초등학교 5학년 때부터 2년간, 중고등학교 6년간, 그리고 사회인 야구팀에서 무려 9년간, 모두 합쳐서 17년이라는 시간 동안 부카츠에 몸담으며 꿈을 위해 노력한 것입니다.

부카츠에서 경영을 배우다, 마츠다 코타

털리스(tullys)커피 재팬주식회사의 창업자인 마츠다 코타는 독특한 부카츠 경력을 가지고 있는 인물입니다. 미야기현에서 출생한 그는 미국에서 중, 고등학교를 다니며 축구부 활동을 했습니다. 그리고 일본에서 대학을 다니던 시절에는 아메리칸풋볼부에서 운동을 했습니다. 그는 대학 졸업 후 은행에 취직해 사회생활을 했습니다. 그러다가 미국 시애틀의 커피 가게였던 털리스커피를 일본에 들여와 기업가로 큰 성공을 거두었습니다. 그는 학창시절 부카츠라는 '작은 사회'에서 배운 것들이 은행원과 경영인으로 살아가는 일에 많은 도움이 되었다고 말합니다. 그는 미국 학교의 운동부를 한 마디로 '실력우선주의'라고 표현했습니다. 1학년이라도 실력만 좋으면 선배들을 제치고 기용될 수 있었습니다. 차별 받기 일쑤인 동양인들도 실력만 좋으면 존중 받을 수 있었습니다. 반면 일본의 부카츠에서는 실력보다 연공서열과 예절을 더 중요한 가치로 배웠습니다. 미국 학교의 운동부에서는 자신을 어필하는 법을 배워야 했고 일본학교의 부카츠에서는 자신을 드러내지 않는 법을 배워야 했습니다. 그는 은행원으로 일할 때는 미국의 운동부에서 배운 적극적인 사고를 가졌습니다. 반면 행동할 때는 일본의 운동부에서 배운 상하관계와 예절을 중요시했습니다. 털리스커피를 경영할 때는 일본 운동부의 수직적인 관계에 착안해 고객접대에 최우선 가치를 두었습니다. 반면 행동할 때는 미국 운동부의 적극적인 방식을 취했습니다. 상반된 성격을 가진 미국과 일본의 운동부에서 일찌감치 사회의 여러 특성을 배운 그는 은행원으로서도, 경영인으로서도 성공적인 커리어를 만들 수 있었습니다.

마츠다 코타는 학창시절의 부카츠가 직업으로 직접 연결된 케이스는 아닙니다. 하지만 그의 고백처럼 부카츠라는 작은 사회를 통해 조직생활의 지혜와 경영자로서의 자질을 습득할 수 있었습니다. 부카츠에서 터득한 지식과 경험을 사회생활에 잘 적용해 낸 것입니다. 그는 일본 대학의 아메리칸풋볼부 시절, 지각을 했다는 이유로 선배에게 머리를 삭발 당한 적이 있었다고 합니다. 미국에서는 상상조차 할 수 없는 수직적인 문화였습니다. 하지만 그는 냉혹한 상하관계의 경험을 비즈니스 현장에 적용해 냈습니다. 상하관계에 기초한 고객제일주의의 서비스를 실천한 것입니다. 자유분방하고 상하관계를 따지지 않는 외국에서 성장한 그가 일본에서 사업적인 성공을 거둘 수 있었던 것은 그의 고백처럼 부카츠를 통해 일본사회의 특질을 미리 배운 덕분이었습니다.

축구선수에서 축구서적 전문가로, 나카바야시 료스케

　나카바야시 료스케는 스포츠 전문 출판사인 토호출판(東邦出版)주식회사의 편집장이자 축구서적 전문가로 여러 권의 베스트셀러를 만든 출판인입니다. 그는 유치원 때 축구클럽에 들어간 것을 시작으로 고등학교를 졸업할 때까지 13년간 오로지 축구부에서만 활동했습니다. 필드플레이어를 하다가 골키퍼로 전향한 중학교 시절에는 3년 내내 후보로 밀려나한 번도 공식전에 나가지 못했습니다. 후보였던 탓에 골키퍼 지도를 제대로 받은 적도 거의 없었습니다. 축구에 흥미를 잃을 법도 했지만 그는 고등학교에 올라가서도 축구부를 선택했습니다. 노력에 노력을 거듭한 끝에 2학년 무렵부터 조금씩 공식전에 나갈 기회를 잡았습니다. 그리고 3학년이 되어서는 팀의 주전 골키퍼로 활약했습니다. 고등학교 졸업을 앞두고 나카바야시는 축구선수로서 계속 도전할지를 놓고 고민에 빠졌습니다. 스스로에 대해 냉정하게 판단한 끝에 그는 13년간의 축구선수 커리어를 마감하고 새로운 길을 찾기로 결심했습니다. 그는 학창시절 내내 국어성적이 좋았고 미디어에 관심이 많았습니다. 그는 전문대학의 종합잡지편집과에 들어갔습니다. 대학을 졸업한 후에는 학창시절의 축구부 경력을 인정받아 토호출판주식회사의 축구, 풋살 장르 담당으로 입사했습니다. 입사 후 그는 축구전문출판인이 되겠다는 일념으로 다시 축구에 골몰

했습니다. 인맥은 전혀 없었지만 축구관계자들이 모이는 곳이라면 어디든 취재하러 다녔습니다. 축구에 대한 그의 열정은 출판물을 통해 열매를 맺기 시작했습니다. 그가 만든 축구관련 서적들이 잇따라 베스트셀러가 된 것입니다. 그의 축구관련 서적들이 큰 인기를 끌면서 토호출판사는 일본에서 축구관련 서적을 가장 많이 내는 출판사가 되었습니다.

나카바야시는 긍정적이면서도 과감한 인물이라고 생각됩니다. 무려 13년간 축구선수로 활동했지만 새로운 분야에 도전해 성공을 이루어냈기 때문입니다. 축구는 좋아하는 분야였고, 글 쓰는 일은 잘할 수 있는 분야였다고 그는 말합니다. 그는 축구선수의 길은 포기했지만 축구를 완전히 떠난 것은 아니었습니다. 글쓰기를 통해 축구를 소재로 한 책을 만들었기 때문입니다. 그는 진심으로 축구를 좋아했기에 사람들이 자신의 축구서적을 읽어주기를 바라는 마음으로 책을 만들었다고 합니다. 그의 이야기는 진로선택과 관련해 좋은 교훈을 줍니다. 그는 진로를 선택함에 있어서 자신의 재능에 대한 냉정한 판단을 내렸습니다. 덕분에 많은 시간을 투자했던 축구선수로서의 길을 과감히 내려놓을 수 있었습니다. 그에게 13년간의 축구부 생활은 자신이 정말 살려야 될 재능이 운동이 아닌 글쓰기라는 사실을 가르쳐 준 기간이었던 것입니다.

농구를 통해 인생을 가르치다, 리쿠가와 아키라

일본 대학농구의 강호인 도카이(東海)대학의 리쿠가와 아키라 감독은 80, 90년대 일본 농구 국가대표로 활약했던 인물입니다. 3번의 올림픽 예선에 출장한 적이 있으며 현재의 프로리그가 출범하기 전 실업팀 선수로 오랫동안 활약했습니다. 현역은퇴 후 2001년 도카이대학 농구부 감독으로 취임해 20여 년간 지휘봉을 잡고 있습니다. 리쿠가와에게 있어서 부카츠는 평생의 삶 그 자체였습니다. 초등학교 시절 그의 학교에서는 계절별로 부카츠가 운영되었습니다. 덕분에 봄에는 소프트볼, 여름에는 수영, 가을에는 육상, 겨울에는 노르딕스키를 배울 수 있었습니다. 특히 수영을 처음 할 수 있게 되었을 때의 성취감을 지금도 잊지 못한다고 합니다. 그는 초등학교 시절 부카츠에 열심히 참여하여 만능 스포츠맨으로 불렸습니다. 중학교 때는 육상에 전념하여 중거리와 역전경기(릴레이마라톤) 선수로 활약했습니다. 고등학교 때는 그의 신장을 눈여겨 본 친구의 권유로 농구부에 들어갔습니다. 농구는 처음이었기에 다른 부원들에 비해 실력이 한참 부족했지만 그는 열정적으로 훈련에 임했습니다. 고등학교 졸업 후 일본체육대학에 진학한 리쿠가와는 2학년 때 대학농구선발팀에 뽑혔습니다. 그리고 국제대회에서의 활약을 발판으로 대학생 신분으로 국가대표에 선발되었습니다. 이후 11년간 일본 국가대표로 활약하며 84년

LA올림픽, 88년 서울올림픽, 92년 바르셀로나올림픽 농구 아시아 예선에 출장했습니다. 은퇴 후 잠시 회사생활을 하던 중 그는 갑작스럽게 일본 국가대표팀 감독 제의를 받았습니다. 하지만 코치 경험도 없이 국가대표 감독이라는 중책을 수락할 수는 없었습니다. 그는 파격적인 제의를 거절한 후 회사를 그만두고 미국으로 지도자 연수를 떠났습니다. 그리고 그곳에서 일본계 미국인인 '야나이 코치'를 만났습니다. 야나이 코치는 '농구를 통해 인생을 가르친다.'는 신념으로 LA지역에서만 30년 가까이 학생들을 지도해 온 덕망 높은 지도자였습니다. 그는 야나이 코치의 가르침에 큰 감명을 받았습니다. 그리고 자신도 농구만 가르칠 게 아니라 인생을 가르치는 사람이 되겠다고 결심했습니다. 지도자 연수를 마치고 귀국한 그는 일본 국가대표 감독 제의를 다시 한 번 뿌리치고 대학 농구부를 선택했습니다. 그가 감독으로 부임한 도카이대학 농구부는 당시 그저 그런 수준의 팀이었습니다. 농구부원들은 각양각색의 염색머리를 하고 있었고 농구에 대한 진지함은 찾아볼 수 없었습니다. 실력도 전국대회 수준과는 거리가 멀었습니다. 그는 감독으로 취임하자마자 '전국제패'라는 목표를 내걸었습니다. 농구부원들의 비웃음을 샀지만 아랑곳하지 않았습니다. 농구부를 하나하나 쇄신하며 목표달성을 위해 차근차근 나아갔습니다. 그리고 부임 4년만인 2005년에 전국대학농구선수권을 제패했습니다. 그리고 2006년에도 우승해 2연패를 달성했습니다. 이후 2012년과

2013년에도 다시 한 번 전국대회 2연패를 달성했습니다. 비교적 최근인 2018년에도 우승을 차지했습니다.

리쿠가와 감독은 일본 체육계에서 파격적인 지도자로 통합니다. 체벌은 물론 어떠한 강압적인 방식도 사용하지 않고 무명이던 도카이대학을 최고의 자리에 올려놓았기 때문입니다. 그 뿐 아니라 다케우치 조지를 비롯한 여러 명의 국가대표선수들도 길러냈습니다. 그는 운동부 지도자 치고는 '지나치게 상냥하다'는 비판을 많이 듣는다고 합니다. 그럼에도 그는 '엄격함'이라는 전통적 체육지도자의 이미지 대신 '인생의 스승'이라는 이미지를 자처했습니다. 그리고 오로지 대화의 방식으로만 문제를 해결했습니다. 부임 초기 그의 이러한 지도방식을 두고 농구부원들 조차 반신반의했다고 합니다. 그럼에도 그는 부카츠 지도자로서 스스로 옳다고 믿는 방식을 고집했습니다. 농구 외에 인생을 살아가는데 있어서 중요한 교훈을 가르치려고 부단히 노력했습니다. 특히 사회일원으로서의 도덕성을 대단히 강조했다고 합니다. 대화를 통해 공감대를 높이고 동기부여만 해 준다면 체벌과 강제 없이도 강도 높은 훈련이 가능하다는 지론을 펼쳤습니다. 이러한 지도방식은 스포츠에 대한 리쿠가와 감독 본인의 좋은 경험에서 비롯되었다고 합니다. 그는 초등학교 때 스포츠를 시작한 이후로 '스포츠는 즐거운 것'이라는 생각이 한 번도 변한 적이 없었다고 합니다.

즐거워야 마땅한 농구가 지도자의 강요로 인해 즐겁지 않게 되는 것을 그는 가장 경계한다고 말합니다. 은사인 야나이 코치는 그에게 "스트레스가 쌓이면 감독직이라도 과감히 그만두라."고 조언했다고 합니다. 은사의 가르침대로 그는 자신에게뿐 아니라 농구부원들에게도 농구보다 인생이 더 중요함을 주지시킨다고 합니다. 그가 감독으로 있는 한 도카이대학 농구부는 운동만 배우는 장소가 아니라 인생을 배우는 장소로서의 역할도 계속할 것입니다.

육상선수에서 봅슬레이 국가대표로, 아사즈 코노미

시마네현(島根県)출신의 아사즈 코노미는 여자봅슬레이2인 경기 일본 국가대표로 2010년 밴쿠버 동계올림픽에 출전한 운동선수입니다. 그녀는 초등학교 시절에는 농구와 육상을 배웠습니다. 중학교 때는 유니폼이 멋있다는 이유로 육상부에 들어가 단거리 선수로 활동했습니다. 그녀가 중학교 2학년이 되었을 때 학교에 새 교장선생님이 부임했습니다. 새 교장선생님은 투척선수 출신이었습니다. 교장선생님은 육상부 학생들에게 매일 투척경기를 가르쳐 주셨습니다. 그 영향으로 그녀는 투척경기가 포함된 3종 육상경기로 종목을 전환했습니다. 그리고 3학년 때는 전국대회에서 2위를 차지했습니다. 하지만 그녀가 입학한 고등학교 육상부에는 부원이 3명밖에 없었고 전문적으로 지도해 줄 코치도 없었습니다. 그런데 중학교 유망주가 입학했다는 소식을 듣고 퇴직한 코치가 그녀의 지도를 자원하고 나섰습니다. 그녀는 맨투맨 방식으로 지도를 받을 수 있었고 실력은 날로 좋아졌습니다. 고등학교에서 7종 육상경기로 한 번 더 종목을 바꾼 그녀는 아침연습과 방과 후 3시간의 훈련을 거르지 않았습니다. 노력은 헛되지 않아 3학년 때 인터하이 7종 육상경기에서 3위를 차지했습니다. 벽지로 불리는 시마네현에서는 경사나 다름없는 일이었습니다. 그녀는 도쿄 소재의 츄오대학(中央大学)에 스포츠추천으로 입학했습니다. 대학에서도 육상부 활동을 했지만 전공은 아동심리학을 택했습니다. 대학 졸업 후에는 육상선수가 아닌 유치원 교사가 되고 싶었기 때문입니다. 그녀가 대학 2학년이 되었을 때 새로운 코치가 육상부에 부임했습니다. 스파르타식 훈련을 지향하는 코치였습니다. 대학에서는 목표를 세우지 않고 편하게 운동하고 싶었던 그녀는 새 코치의 지도방식에 큰 불만을 느꼈습니다. 하지만 이내 새 코치의 열정에 감복한 그녀는 다시 목표를 세워 운동하기로 결심했습니다. 그리고 대학 4학년 때 7종 육상경기에서 전국 1위에 올랐습니다. 대학 졸업 후에도 그녀는 1년 더 학교에 머물며 같은 코치에게 지도를 받았습니다. 동시에 자신도 후배들을 가르치는 일을 겸했습니다. 그 무렵 그녀는 봅슬레이 관계자들로부터 끈질긴 구애를 받고 있었습니다. 고심을 거듭한 끝에 그녀는 봅슬레이에 입문하기로 결심했습니다. 육상과 활동시기가 다르기 때문에 가능한 결정이었습니다. 이미 최고레벨의 육상선수였던 그녀는 봅슬레이에 빠르게 적응했습니다. 그리고 눈부신 발전을 거듭해 단기간에 국가대표가 되었습니다. 봅슬레이를 시작한 후로 그녀는 5월부터 9월까지는 육상 선수로, 10월부터 4월까지는 봅슬레이 선수로 뛰었습니다. 2010년대 후반까지 선수생활을 한 그녀는 은퇴 후 일본의 봅슬레이 썰매 제조회사인 '시타마치봅슬레이'의 사원으로 일하고 있습니다. 비록 국제무대에서 뚜렷한 성적을 내지는 못했지만 그녀는 척박한 조건 속에서도 도전을 두려워하지 않는 근성을 가진 인물이었습니다.

아사즈 코노미는 부카츠를 통해 끊임없이 도전을 택한 케이스입니다. 육상 종목을 여러 번 바꾸었을 뿐 아니라 대학을 졸업한 나이에 봅슬레이라는 미지의 영역에 도전하기도 했습니다. 그리고 올림픽 출전이라는 꿈을 이루어 냈습니다. 그녀의 커리어에 있어서 부카츠의 존재는 특별합니다. 그녀의 출신지인 시마네현은 일본의 47개 도도부현 중에서 인구수가 2번째로 적은 곳으로 벽지로 불리는 지역입니다. 하지만 그녀는 초등학교부터 고등학교까지 부카츠에서 여러 육상 종목을 배울 수 있었습니다. 시골 학교에서도 부카츠 만큼은 철저하게 운영하고 있었던 것입니다. 그녀는 부카츠 생활을 돌아보면 감사한 일이 매우 많았다고 고백합니다. 중학교 교장선생님은 학교경영으로 바쁜 와중에도 매일 투척경기를 지도해 주었습니다. 고등학교 코치는 그녀 한 사람을 위해 3년간이나 개인지도를 해 주었습니다. 대학 육상부 코치는 운동을 포기하려 했던 그녀에게 새로운 동기를 심어 주었습니다. 그녀에게 있어서 부카츠는 인생의 은인을 3명이나 만난 소중한 장소였던 것입니다.

부카츠를 통해 도전정신을 배우다, 키노시타 코우지

키노시타 코우지는 1982년 고시엔에서 도쿠시마현(德島県)에 있는 이케다(池田)고등학교 소속으로 우승을 경험한 전 야구선수입니다. 당시의 고시엔에서 타율4할, 1홈런 5타점의 대활약을 펼쳤습니다. 특히 결승전에서 그가 결승홈런을 날린 순간은 지금까지도 많은 일본인들이 회자하고 있는 명장면입니다. 고시엔 우승의 주역답게 그는 동시대 일본 청소년 대표로도 뛰었습니다. 하지만 그는 고등학교 졸업 후 프로야구가 아닌 대학을 선택했습니다. 간사이 지방의 명문인 도시샤 대학에 진학한 것입니다. 대학 졸업 후에도 키노시타는 평범한 회사원의 길을 걸었습니다. 미츠이스미토모 은행에서 10년간 근무한 후 푸르덴셜생명보험회사로 이직해 줄곧 라이프플래너로 일했습니다. 그가 고시엔 우승을 경험했던 이케다 고등학교는 공격일변도의 야구로 유명세를 떨치던 학교였습니다. 일단 휘두르고 보는 스타일을 추구해 1번 타자부터 9번 타자까지 모두 적극적인 스윙을 하는 팀이었습니다. 당시의 야구부 감독이었던 故츠타 후미야는 '공격 달마대사'라는 별명이 있을 정도로 공격적인 야구를 추구하는 인물이었습니다. 키노시타는 3년간의 야구부 생활을 통해 인생의 지혜를 많이 배웠다고 고백합니다. 츠타 감독은 야구부원들에게 '실패해도 좋으니 무조건 도전하라.'고 귀에 못이 박히도록 말했다고 합니다. 적극적으로 스윙을 하다가 삼진을 당하면 아무리 중요한 승부처였더라도 질책하지 않았습니다. 반면 스윙에 소극적으로 임하다가 삼진을 당한 선수에게는 불 같이 화를 냈습니다. 츠타 감독은 옳고 그름을 따지느라 이러지도 저러지도 못하는 우유부단한 태도를 가장 싫어했습니다. 키노시타는 츠타 감독 밑에서 야구를 하며 실패해도 배울 게 있다는 교훈을 가슴 깊이 새길 수 있었습니다. 이케다 고등학교 야구부는 여러 가지 새로운 시도를 했습니다. 예컨대 당시에는 경기 중 물을 마시면 좋지 않다는 인식이 있었는데 경기 중 수분섭취를 시도한 것입니다. 지금은 당연시되어 있는 일이지만 당시에는 이케다 고등학교가 처음 시도한 일이었다고 합니다. 츠타 감독은 다혈질이지만 윤리적인 성품을 가진 인물이었습니다. 부원들에게도 모범적인 학교생활을 무척 강조했었다고 합니다. 실제로 야구부원들이 수업에 잘 참여하는지 일일이 확인해 태도가 좋지 않은 부원은 시합에 나가지 못하게 할 정도였다고 합니다. 키노시타 역시 야구부 생활을 통해 바른 생활습관이 몸에 배이게 되었고 그것이 사회생활을 할 때까지 이어졌다고 합니다.

키노시타 코지는 야구부 생활을 통해 실패를 두려워하지 않는 도전정신을 배우고 실천한 인물이라고 볼 수 있습니다. 고시엔에서 우승하고 청소년 국가대표로 뽑힐 만큼 유망한 선수였음에도 그는 사회인으로서의 도전을 선택했습니다. 자신의 가능성에 도전하기 위해 안정적인 은행원을 그만두고 보험회사에서 영업을 하였습니다. 결과적으로 그는 성공적인 커리어를 쌓았습니다. 하지만 실패했더라도 계속 도전했을 것이라고 그는 말합니다. 스포츠와 사회생활에는 많은 공통점이 있습니다. 협동의 중요성도 그 중 하나입니다. 개인플레이보다 팀워크를 중요시해야 하는 것입니다. 타인의 실수에 관용을 베푸는 일도 일종의 팀워크입니다. 때로는 불합리한 일을 견뎌야 할 때도 있습니다. 키노시타는 고등학교 야구부 생활을 통해 자신도, 남도 실수한다는 사실을 철저히 배웠습니다. 불합리한 상황을 견뎌야 하는 때도 많았다고 고백합니다. 그런데 사회에 나와보니 사회 역시 그렇다는 사실을 깨달았다고 합니다. 그는 야구부 안에서 경험했던 모든 일들이 사회에 나오기 위한 준비과정과 같았다고 고백합니다.

미수(米壽)의 배구선수, 하야시 토키코

　미수(米壽)란 '88세'를 의미하는 단어입니다. 쌀 미(米)자를 분해하면 팔십팔(八十八)이 되는데 거기에 목숨 수(壽)를 붙인 것입니다. 만 88세라면 한국의 나이 셈법으로는 89세 혹은 90세가 됩니다. 살아 있는 것만으로도 대단하게 여겨지는 미수의 노인이 운동선수로 활동한다면 믿을 수 있을까요. 홋카이도 아사히카와시(旭川市)에 사는 하야시 토키코 할머니는 2020년에 만 88세가 되었습니다. 하지만 그녀는 아사히카와시에 있는 아사히카와유우아이(旭川友愛)라는 마마상배구 팀의 감독 겸 선수로 여전히 현역생활을 하고 있습니다. 나이를 의심케 하는 체력과 조화를 중시하는 인품으로 60~80대로 이루어진 팀의 정신적 지주역할을 하고 있습니다. 하야시 할머니는 '지금까지 배구를 계속 할 수 있었던 것은 동료들 덕분'이라고 겸손하게 말합니다. 그녀는 1940년대 후반 아사히키와니시(旭川西)고등학교 시절부터 부카츠로 배구를 시작했습니다. 육아에 전념했던 10년 정도를 제외해도 60년 넘게 배구를 계속해 온 것입니다. 자신이 감독 겸 선수를 맡고 있는 팀 외에도 67세 이상으로만 구성되어 있는 또 다른 팀의 선수로서 매주 3일씩 훈련하고 있다고 합니다. 하야시 할머니는 이렇게 말합니다.

"피곤한 상태에도 배구를 하면 마법에 걸린 것처럼 힘이 나요."

희수(喜寿)는 77세를 의미하는 단어입니다. 기쁠 희(喜)자를 초서로 쓰면 七十七을 써놓은 것 같은 모양이기 때문입니다. 2020년 10월에 일본 오이타시(大分市)에서는 희수연식야구대회(喜寿軟式野球大会)가 열렸습니다. 현(県)내의 야구팀에 소속된 만 77세 이상의 선수들 약 90여 명이 지역별로 6개 팀으로 나뉘어 열띤 대전을 벌였습니다. 최고령 참가자인 야노 타카시게 할아버지의 연령은 미수(米壽)인 88세. 야노 할아버지는 중학교 때 야구 부카츠에 가입한 이후로 평생 야구와 함께 살아왔습니다. 대회에 참석한 야노 할아버지는 수비와 타격에서 모두 나이에 걸맞지 않는 날렵한 움직임을 보여주었습니다. 다음은 야노 할아버지의 말입니다.

"야구는 개인플레이를 해서는 이길 수 없지요. 그래서 재미있습니다. 졸수(卒壽, 90세)까지 대회에 출전하는 것을 목표로 열심히 하려고 합니다."

히로시마에서 인쇄업을 하는 야기 시게아키 할아버지는 2018년 요코하마에서 열린 '요코하마컵전국골든시니어농구교환대회(横浜カップ全国ゴールデンシニアバスケットボール交歓大会)'에 출전한 최고령선수로 출전 당시의 나이가 만83세였습니다. 농구는 점프와 몸싸움을 해야 하는

스포츠로 노년층에게는 상당한 부담이 됩니다. 하지만 야기 할아버지는 단순히 참가에 의미를 두는 선수가 아니었습니다. 실제로 경기에 출전해 드리블을 하고 슈팅을 날리고 리바운드에 가담했습니다. 공을 빼앗기 위한 몸싸움도 마다하지 않는 등 60~70대의 젊은(?) 선수들에게 뒤지지 않는 승부욕을 보여 주었습니다. 야기 할아버지 역시 학창시절 농구를 시작한 이후 평생 동안 농구를 해 왔습니다. 다음은 야기 할아버지의 말입니다.

"농구는 내가 살아가는 보람입니다."

 ## 올림픽 은메달의 기적, 일본 남자 계주팀

2016년 리우 올림픽 남자 400m 계주 결승전에서는 세계가 깜짝 놀라는 일이 벌어졌습니다. 육상 단거리의 변방으로 취급받던 아시아 국가인 일본이 세계 최강 미국을 꺾고 은메달을 차지한 것입니다. 당시의 멤버였던 이이즈카 쇼타, 야마가타 료타, 기류 요시히데, 아스카 캠브리지는 모두 방과 후 부카츠에서 육상을 한 선수들이었습니다. 당연히 학업도 다른 학생들과 똑같이 했고 은메달 획득 당시에는 모두 도쿄의 대학에 다니고 있었습니다. 4명 중 맏형인 이이즈카 쇼타는 입시 명문고인 후지에다메이세이(藤枝明誠)고교 출신입니다. 고교 시절 인터하이에 출전해 100m 2위, 200m 1위를 하였습니다. 이이즈카는 공부도 열심히 하여 유명 대학인 츄오(中央)대학 법학부에 진학했습니다. 야마가타 료타는 초등학교 시절 축구, 야구 등 여러 가지 스포츠를 했고 5학년 때부터는 육상에 전념했습니다. 그는 고교 내신 성적과 소논문, 면접 등을 보는 대입전형인 AO전형으로 명문 사립대학인 게이오(慶應)대학 종합정책학부에 진학했습니다. 기류 요시히데는 초등학교 때까지는 축구를 했고 골키퍼로 시(市)대표선수로 뽑힐 정도로 두각을 나타냈습니다. 육상은 중학교에 들어가 시작했습니다. 라쿠난(洛南)고등학교 시절에는 운동장의 직선거리가 80m에 불과해 미니허들경기를 중심으로 연습했습니다. 그럼에도 실력은 일취월장해 인터하이 100m, 200m, 400m 3관왕을 차지하기도 했습니다. 그는 도쿄에 있는 도요(東洋)대학 법학부에 진학했습니다. 아스카 캠브리지는 자메이카인 아버지와 일본인 어머니 사이에 태어난 혼혈입니다.

2세 때 자메이카에서 일본으로 이주한 이후 줄곧 일본에서 성장했습니다. 중학교 때 육상을 시작하였고 고등학교 때는 인터하이 400m 계주에서 1위를 했습니다. 그는 니혼(日本)대학 체육학부에 진학했습니다.

네 선수의 이야기는 공부와 병행하는 부카츠가 운동능력을 얼마나 끌어올릴 수 있는지를 보여주는 사례라고 할 수 있습니다. 물론 일본에서도 국가대표에 선발되면 우리나라의 국가대표선수촌 같은 개념인 내셔널트레이닝센터(National Training Center)에 들어가 집중적인 트레이닝을 받습니다. 그러나 네 명의 선수가 공부와 운동을 병행했던 고등학교 시절의 기록을 보면 놀라움을 금할 수 없게 됩니다. 이이즈카 쇼타는 고 3때 100m를 10.38에 뛰었습니다. 기류 요시히데는 고 2때 인터하이 100m경기에서 10초19를 기록했습니다. 3학년 때는 기록을 10.01까지 단축했습니다. 이는 2021년 기준 한국 최고기록(10초07)보다 더 좋은 기록입니다. 참고로 기류는 만22세 때 9.98을 기록했습니다. 2021년 기준 100m 일본 최고기록은 야마가타 료타의 9.95입니다. 단거리는 신체조건과 근력이 중요한 종목으로 알려져 있습니다. 한국보다 신체조건이 열세인 일본이 단거리에서 두각을 나타내는 원동력으로 육상 부카츠의 두터운 저변을 꼽는 목소리가 많습니다.

고등학교 빅밴드 부카츠 이야기를 담은 영화 〈스윙걸즈〉에는 말괄량이 여고생들 말고도 재미있는 인물이 한 명 더 등장합니다. 빅밴드 부카츠를 지도하는 '타다히코' 선생님입니다. 그는 수학교사인 동시에 재즈음악과 색소폰에 푹 빠져 있는 '이도류'의 인물로 묘사됩니다. 타다히코 선생님의 집에는 재즈음반이 가득합니다. 그리고 제자들 앞에서 재즈 이야기를 하며 진심으로 행복해 합니다. 음악적인 재능은 부족하지만 색소폰을 배우려고 음악학원에도 열심히 다닙니다. 낙제 여고생들이 재즈를 좋아하는 수학 선생님과 함께 멋진 하모니를 만들어 간다는 이 영화의 스토리는 꽤나 감동적입니다. 헐리우드 영화인 〈코치 카터〉와 〈블라인드 사이드〉는 불우한 청소년들이 학교 운동부 활동을 통해 희망을 찾아가는 스토리를 그린 작품들입니다. 실화를 바탕으로 만들어진 이 두 작품은 세계적으로도 큰 인기를 끌었습니다. 청소년들이 교화되어 가는 모습은 국적과 인종을 불문하고 누구에게나 감동을 주기 때문일 것입니다. 덩치만 큰 불량배였던 〈슬램덩크〉의 강백호가 농구를 통해 진정한 '스포츠맨'이 되어가는 스토리에 전 세계 수 억 명이 감동한 것도 같은 이치입니다. 주인 공들만큼 부각되지는 않지만 그런 감동 스토리들의 중심에는 운동부의 존재가 있었습니다.

　일본 학교들의 부카츠를 체험하고 공부하며 개인적으로 가장 많이 연상했던 단어는 '건강'입니다. 육체적인 건강 뿐 아니라 정신적인 건강도 포함됩니다. 부카츠는 일본 청소년들로 하여금 '스포츠와 예술'이라는 건강한 취미생활에 몰두하게끔 이끌어 주는 존재입니다. 학교에 공부 외에 다른 분야의 진지한 활동이 있다는 사실은 부모에게도 심리적 안정감을 제공합니다. 학습 재능이 부족한 아이들도 다른 분야를 열심히 할 수 있기 때문입니다. 보다 많은 아이들이 인정받을 수 있는 기회가 마련되어 있는 것입니다. 수백만 명의 학생들이 참여하는 활동인 만큼 부카츠는 많은 조력자를 필요로 합니다. 가정과 학교와 지역사회 중 어느 한 곳이라도 협력하지 않으면 부카츠는 제대로 작동될 수도, 유지될 수도 없는 존재입니다. 그러한 면에서 일본인들에게 부카츠는 단순히 학창시절 잠깐 몸담았다가 끝나는 활동이 아닙니다. 일본의 가정과 사회를 지탱해 온 힘의 원천 중 하나이자, 이도류 사회인 일본의 '고유문화'라고까지 말할 수 있습니다.

에필로그

참고문헌

단행본

高畑好秀『僕らが部活で手に入れたもの』スタジオタッククリエイティブ 2014.2.25
이와마사다이키(p.8 – p.19), 미츠이코지(p.34 – p.47), 마츠다코타(p.142 – p.151),
나카바야시료스케(p.78 – p.87), 리쿠가와아키라(p.154 – p.165), 아사즈코노미(p.90 – p.101),
키노시타코우지(p.104 – p.115)의 인터뷰 내용 일부를 인용, 재구성하였음.

中澤篤史『そろそろ、部活のこれからをはなしませんか』大月書店 2017.2.20

梅津有希子『部活やめてもいいですか』講談社青い鳥文庫 2018.9.13.
KBS 운동장프로젝트 제작팀『운동하는 아이가 행복하다』해냄출판사 2018.10.29

보고서

小林　誠『学習指導要領からみる部活動に関する一考察　―部活動における教師の
役割の歴史的変遷―』
早稲田大学大学院教育学研究科紀要　別冊19号－2 2012年3月
妹尾　昌俊『なぜ，日本の先生は忙しいのか，学校の長時間労働は改善するのか』労
働の科学 73巻5号　2018年
한태룡, 김상훈『일본 학교체육의 제도와 운영에 대한 실태조사』한국스포츠개발원,
2015.07.

기사

■ 서의동『일본과 한국, 너무도 다른 학창시절』 2014. 5. 28.
　 https://soidong.khan.kr/1468

■ 舞田敏彦『部活指導に時間を食われる日本の教師は「何でも屋」？』ニューズウィ
　 ーク日本版　2015.08.18
　 https://www.newsweekjapan.jp/stories/business/2015/08/post-3842.php

■ 김종화『[G스포츠클럽과 일본부카츠 · 중학교 체육연맹]日 중학교 부카츠의 꽃
　 '체육활동'』경인일보　2017.09.21

http://www.kyeongin.com/main/view.php?key=20170920010006647

■ 정동섭『[일본의 교육] 많은 수업과 업무에 쌓인 일본의 교원- 돌파구는 없는가』
한국교육신문　2018.02.01.
http://www.hangyo.com/news/article.html?no=84038

■ 정동섭『[세계의 교육] 일본교원의 헌신과 열정의 상징이자 족쇄인 '부카츠'』
한국교육신문　2018.03.02.
http://www.hangyo.com/news/article.html?no=84370

■ ベネッセ教育総合研究所『部活動について考えるデータ』 2018.08.02
https://berd.benesse.jp/special/datachild/datashu01.php

■ ベネッセ教育総合研究所『部活動の実態』 2018.08.02.
https://berd.benesse.jp/special/datachild/comment01.php

■ ベネッセ教育総合研究所 『部活動の意義』 2018.08.24
https://berd.benesse.jp/special/datachild/comment01_2.php

■ ベネッセ教育総合研究所 『先生にとっての部活動』 2018.08.31.
https://berd.benesse.jp/special/datachild/comment01_3.php

■ ベネッセ教育総合研究所 『部活動の社会的な意義』 2018.09.05.
https://berd.benesse.jp/special/datachild/comment01_4.php

■ 文部科学省・国立教育政策研究所『OECD国際教員指導環境調査(TALIS)2018報
告書vol.2のポイント』2019.03.23
https://www.nier.go.jp/kenkyukikaku/talis/pdf/tails2018-vol2.pdf

■ WKBL『공부와 농구를 병행하는 일본만의 독특한 시스템 部活(부카츠)-1』2019.04.26
https://www.wkbl.or.kr/news/overseas_view.asp?num=16958&page=1

■ WKBL『공부와 농구를 병행하는 일본만의 독특한 시스템 部活(부카츠)-2』 2019. 04.30
https://www.wkbl.or.kr/news/overseas_view.asp?num=16979&page=3

■ 박대웅『학교체육정상화② 체육은 자습시간? 미국·일본은 어떨까?』 2020.01.16
http://www.sporbiz.co.kr/news/articleView.html?idxno=409079

■ 長沼　豊 『これからの部活動のあり方について』「こころ」のための専門メディア
金子書房　2020.08.08
https://www.note.kanekoshobo.co.jp/n/n65d8f3047838

- 황현택 『60만 교포 울린 아이들…日 조선학교의 '트라이'』 2021.01.09
  https://news.kbs.co.kr/news/view.do?ncd=5090958
- 최민규 『일본 야구가 여전히 '희생 번트'를 사랑하는 까닭』 2021.09.27.
  https://www.sisain.co.kr/news/articleView.html?idxno=45538

웹사이트

- 公益財団法人『日本高等学校野球連盟』ホームページ
  http://www.jhbf.or.jp/

- 公益財団法人『全国高等学校体育連盟』ホームページ
  https://www.zen-koutairen.com/

- 公益財団法人『日本ㄴ中学校体育連盟』ホームページ
  http://njpa.sakura.ne.jp/

- 『静岡県高等学校体育連盟』ホームページ
  http://www.shizuoka-koutairen.com/

- 『部活問題対策プロジェクト』ホームページ
  http://bukatsumondai.g2.xrea.com/problemsT.html

- 『長沼豊の研究室』ホームページ
  https://naganuma55.jimdofree.com/

※ 그 밖에 나무위키, 위키피디아 일본어판에서 관련 자료를 다수 참조하였음

부록

2019년 인터하이 본선 종목별 출전자 수

※ 전국고등학교체육연맹 홈페이지(https://www.zen-koutairen.com/)의 통계자료

	남자선수	여자선수	합계	전국 선수대비 출전율
육상부	1,778명	1,554명	3,332명	3.15%
체조부	328명	305명	633명	13.54%
신체조부	195명	376명	571명	22.73%
수영(경영)부	948명	829명	1,777명	5.25%
수영(다이빙)부	23명	34명	57명	121%
수영(수구)부	249명	없음	249명	19.27%
농구부	636명	612명	1,248명	0.87%
배구부	588명	624명	1,212명	1.19%
탁구부	465명	442명	907명	1.19%
소프트테니스	779명	786명	1,565명	1.97%
핸드볼부	658명	658명	1,316명	3.09%
축구	884명	272명	1,156명	0.67%
배드민턴부	405명	426명	831명	0.68%
소프트볼	679명	788명	1,467명	6.16%
스모부	345명	없음	345명	36.28%
유도부	483명	412명	895명	5.00%
스키부(2018동계)	506명	320명	826명	3.91%
스케이팅부(2018동계) (스피드+피겨+아이스하키)	724명	226명	950명	71.70%
보드부	479명	474명	953명	19.89%

검도부	388명	382명	770명	2.00%
레슬링부	861명	119명	980명	41.23%
궁도부	369명	365명	734명	1.18%
테니스부	346명	323명	669명	0.77%
등산부	188명	188명	376명	3.27%

일본 전국고등학교종합문화제 19개 부문의 내용

연극(전국고등학교연극대회) 부문	전국고등학교연극협의회와 문화청 공동주최. 전국 약 2,100여개의 연극 부카츠 가맹교 중에서 지구대회, 도도부현대회, 블록 대회를 거쳐 선발된 최종 12개의 학교가 공연한다. 여기서 다시 최종 4개교를 선발하여 도쿄의 국립극장에서 별도의 공연을 한다. 전문 연극인에 의한 강습회 등 부수적인 행사도 있다.
합창 부문	전국의 도도부현(都道府県)별로 선발된 학교의 합창단 또는 합동 합창단 1팀씩 참가한다. 이 대회 이외에도 '전일본합창연맹'이 주최하는 '전일본합창콩쿠르'의 학생부 대회 등도 있다.
취주악(吹奏楽) 부문	관악기 중심의 음악공연이다. 이 대회 이 외에도 '전일본취주악연맹'과 아사히신문이 공동 주최하는 '전일본취주악콩쿠르'의 학생부 대회 등이 있다.
기악/관현악 부문	오케스트라, 현악중주, 기타, 만돌린, 리코더 등 폭 넓은 악기와 폭 넓은 장르의 음악공연이다. 학교 단위의 단체연주이다.
일본음악 부문	거문고와 비슷한 일본 전통악기를 연주하는 것으로 방악(邦楽)이라고도 한다.
음영검시무(吟詠剣詩舞) 부문	음영검무와 음영시무를 합친 말이다. 음영(吟詠)이란 한시(漢詩)나 와카(和歌)를 길게 읊조리는 것. 음영검무(吟詠剣舞)란 음영에 맞추어 칼이나 부채 등을 들고 추는 무용이고, 음영시무(吟詠詩舞)란 음영을 반주에 맞추어 표현하는 무용이다. 일본의 전통예술이다.
향토예능 부문	각 지방에서 전통적으로 내려오는 제사음악. 민요, 춤 등 전승예능(伝承芸能)을 선보이는 공연이다. 최종 2개교를 선발하여 도쿄의 국립극장에서 별도의 공연을 한다.

마칭밴드 / 배턴트월링 부문	마칭밴드란 걸으면서 악기를 연주하는 퍼포먼스로 스피드와 역동성이 큰 매력이다. 배턴트월링이란 지휘봉을 공중에 던지거나 돌리면서 연기하는 퍼포먼스이다.
미술 / 공예 부문	각 도도부현에서 대표작품으로 선발된 회화, 판화, 조각, 디자인, 공예, 영상 등 수백 점의 작품이 전시된다. 또한 출품한 학생작가들과의 교류회 행사도 연다.
서예 부문	한자 혹은 가나(고유일본어)를 쓴 서예 작품을 전국에서 약 300점 선발하여 전시한다.
사진 부문	각 도도부현에서 선발된 우수작품 약 300점을 전시한다. 강연회, 촬영실습 등 사진 부카츠 회원들 간의 교류회 행사도 진행한다.
방송 부문	'아나운스' '낭독' '오디오픽쳐' '비디오메시지'의 4개 부문으로 나뉘며 지역의 화제 거리나 향토문화를 주로 소개한다.
바둑 부문	각 도도부현의 대표로 선발된 남녀 개인전, 도도부현 대항 단체전의 3종목이 열린다.
장기(전국고등학교장기선수권대회) 부문	일본식 장기. 일본어로는 '쇼기'이다. 각 도도부현의 대표로 선발된 남녀 개인전, 남녀 단체전 등이 열린다.
변론 (문부과학성장관배 전국고등학교변론대회) 부문	장래의 꿈 등, 일정한 주제로 7분간 변론(웅변과 비슷함)을 펼친다.
오구라하쿠닌잇슈경기카루타 부문	100명의 가인(歌人)의 와카(和歌)가 적힌 카루타(일본전통카드패)를 가지고 하는 일종의 카드 대전이다. '카루타의 고시엔'이라고도 한다.
신문 부문	전국의 대표학생들이 음식, 자연, 역사, 문화, 산업 등 광범위한 주제로 '교류신문'을 제작한다. 또한 참가학교의 학교신문도 전시한다.
문예 부문	신문, 시, 단시, 하이쿠 등의 작품을 출품하여 작품 감상과 창작활동에 관한 의견교류를 하는 활동이다.
자연과학 부문	각 학교별로 평소에 쌓아 온 자연과학(물리, 화학, 생물, 지학 등)의 연구성과를 발표하고 공유하는 교류활동이다.